いま読み直したい思想家9人

布施　元　　久冨峻介
加戸友佳子　　大倉　茂
小森達郎　　藤本ヨシタカ

梓出版社

知の共有と、知の体験を

思想に関する書籍がぞくぞくと発刊されていて、思想に対する人々の関心が尽きないことを日々、うかがい知ることができる。本書もそのひとつに数えられることになるかもしれないが、本書の主たる意図は、門外漢へむけた既存の知識の紹介にもなければ、専門家へむけた新たな知見の披露にもない。登場する思想家たちが思考し思索してきた過程や結果を、できるかぎり注意ぶかく正確に理解することにつとめたすえに、はからずも獲得された知的成果を、みなさんと共有したい、という自然な思いから、このたびの公刊となった。したがって、取りあげることになった思想家の顔ぶれはもちろんのこと、その取りあげ方自体も、執筆者の個性があふれたものとなっているかもしれないが、正確であることと個性的であることは矛盾しないと信じている。

本書であつかう思想家は、人間と社会について深く悩み考えぬいた、人生の先達たちである。それぞれが本気で自分自身の課題として受けとめ取りくむなかで、それぞれに固有の〝ものの観方〟や〝ものごとの捉え方〟がどうしようもなく提起され、受けつがれてきた。そしてそれらは、本書の執筆者の心をつかみ問題意識を触発しつづけているが、他方で、読者のみなさんとのなんらかの接点をもつはずである。どの思想家についての叙述にも、私たちが実際に経験している現代の問題とのつながりを見いだすことができるだろう。ただしそれは、その現代の問題と思想家の主題を安易に結びつけようとしたからではない。思想家たちが、人間と社会の課題に対して現実的に、そして根源的に、専心して根気づよく向きあった事実が、おなじく人間であり社会の成員である私たちに——時代や地域をこえて——響いてこざるをえなかったからにほかならない。

古典と呼ばれるにふさわしい著作というのは、そのような、新しさや古さとは関係なく近さや遠さに左右されない〝たしかな生命力〟、だれにも応えることのできる——そして、だれにも奪うことのできない——〝たしかな生命力〟を秘めており、本書で確認できる思想家の著作はいずれも、そういった古典として位置づけられるべきものであろう。したがって、本書をきっかけにして、思想家の著作にじかに触れる機会がおとずれることを心より願っている。そして本書が、みなさん自身の正確で個性的な古典の理解の一助となれば、望外のよろこびである。知的成果はみんなのものであるが、知的体験はその人固有のものである。先達たちの〝ものの観方〟や〝ものごとの捉え方〟を自分自身のものにし、みなさんの人生の糧にしていただければ、幸いである。

［布施元］

＊　本書において外国語で書かれた文章を日本語に訳して示すさいには、必ずしも既刊の日本語訳どおりに引用されているとは限らず、各執筆者が訳文に手を加えている場合がある。

目次

いま
読み直したい
思想家9人

フィヒテ――自我と実践の哲学

生涯と著作

ヨハン・ゴットリープ・フィヒテ（1762-1814）は、ドイツのドレスデン近郊のラメナウに生まれた。フィヒテの生まれた家は貧しかったので、彼はきちんとした教育を受けられなかった。だが、フィヒテは頭が良く、驚くべき記憶力を持っていたため、教会で牧師がおこなう説教をそのまま覚えて繰り返し語ることができたという。九歳のとき、フィヒテは牧師の説教を聞き逃したマイセンのミルティッツ男爵の前で、その説教を暗唱してみせた。この男爵はフィヒテの才能に感心して学費の援助を申し出て、教育のためにフィヒテを自分のもとに引き取った。この男爵はフィヒテが大学に入学する前に死んでしまったが、この偶然によって思いがけずフィヒテに学問への道が開かれることになった。

一七八〇年、フィヒテはイェーナ大学の神学部に進学し、ライプツィヒ大学に移ったあとは法学や哲学を学んだ。だが、フィヒテの生活は経済的困窮を極めた。フィヒテは家庭教師をしながら学んだが、一七八四年には大学での学業を断念せざるをえなくなった。一七八七年にライプツィヒ大学に復学したものの、翌一七八八年には再び学業を中断することになる。経済的に困窮し尽くしたフィヒテはそのような生活に絶望し、一時は自殺も考えるほどであった。そんなときにある友人が、スイスのチューリッヒにいたオット家での家庭教師の職を紹介してくれたため、フィヒテはスイスへと移り、新しい生活を始めることになった。フィヒテの生活は依然として苦しかったものの、その地で生涯の伴侶となるヨハンナと知り合うことになった。

一七八九年に勃発したフランス革命は、フィヒテの思想全体に多大な影響を及ぼす出来事となる。フランス革命に対するフィヒテの具体的な考えは、後年にそれを擁護する目的で書かれた『フランス革命についての大衆の判断を正すための寄与』（一七九三年、以下『フランス革命論』）などの論文から窺い知ることができる。フィヒテは、哲学的な理論だけではなく、実践的な問題にも強い関心を抱いていたのである。とりわけ、初期の思想には、現実社会や世間への強い問題意識が反映されている。このことは、当時のフィヒテの書簡からも知ることができる。彼の野心の中でも最も驚くべきエピソードは、兄弟宛の書簡にあるように、デンマーク政府の大臣になろうと一時考えていたことであろう。この企てが実現することはなかったが、フィヒテがいかに世間や政治に強い関心を持っていたかを窺うことができる。

　一七九〇年にスイスからライプツィヒに戻ったフィヒテに転機が訪れる。ライプツィヒ大学のある学生が、当時話題となっていたカント（1724-1804）の哲学の個人授業をフィヒテに依頼したのである。生活のためにその依頼を受けたフィヒテは、本格的にカントの思想に取り組むことになった。そこでフィヒテは、スイスに渡る以前はさして関心を持たなかったカント哲学に感激し、カント研究に没頭するようになる。一七九一年七月にフィヒテはケーニヒスベルクを訪問し、カントの面識を得ようとする。このとき、青年のフィヒテは二九歳、それに対してカントは六七歳であった。カントは、誰の紹介状も持たずに現われたフィヒテに対して、当初は特別な関心を示さなかった。そこでフィヒテは、カント哲学の原理に従って宗教についてのある論文を書き、それをカントのもとに送った。カントはその論文の一部しか読まなかったようであるが、それでもこの論文を称賛し、フィヒテのことを好意的に受けいれるようになる。この論文が、フィヒテの最初の著作となる『あらゆる啓示の批判の試み』となる。ケーニヒスベルク滞在中に所持金が底を突いたフィヒテは、当地で家庭教師の職を探すも見つけることができず、こともあろうにカントに借金を申し出た。カントはこの申し出を断ったが、その代わりに、フィヒテに論文を出版してはどうかと提案し、そのための助力を約束してくれた。

　こうして一七九二年の復活祭に、『あらゆる啓示の批判の試み』が出版された。この本はフィヒテの意向に反して匿名での発表となったが、このことが、かえってフィヒテを一躍有名にすることになる。この匿名の論文の著者が、カントではないかと推定されたのである。というのは、この当時、三批判書に続くカントの宗教論の刊行が待望されていたからであり、この論文を読んだ評者は、著者がカントに違いないと考えたのである。そうした反響を受けて、カントは本当の著者がフィヒテであることを明らかにし、そのことでフィヒテの名が一挙に知られるようになる。こうして新進気鋭の著作家としての名声を得たフィヒテは、この年ヨハンナと結婚する。そんな折に、当時イェーナ大学でドイツの哲学界に大きな影響力を持っていたラインホルト（1757-1823）がキールに籍を移すことになると、ヴァイマール政府はその後任としてフィヒテを招聘した。この決定にはゲーテの推挙も大きな影響を与えたという。こうしてフィヒテは一七九四年にイェーナ大学に赴任した。

フィヒテは、カント哲学に傾倒しつつ旺盛な著作活動をおこない、イェーナ大学で自らの思想を展開した。彼はすぐにドイツの哲学の中心的な存在となっていった。イェーナでの最初の公開講義『学者の使命』の会場は聴講者で溢れ、その中にはすでに作家として名を馳せていたシラーもいた。それに次いで、一七九四年から九五年にかけての大学での講義をもとにして出版されたのが、主著『全知識学の基礎』である。さらに、フィヒテは知識学の原理を実践哲学へと発展させ、一七九六年に『知識学の原理による自然法の基礎』（以下、『自然法の基礎』）、一七九八年には

『知識学の原理による道徳論の体系』（以下、『道徳論の体系』）と次々と論文を発表した。この時期に執筆された著作を貫いているのは、若い頃から変わらないフィヒテの実践への関心であり、実践理性の優位の姿勢である。そのため、フィヒテは理論的な問題に取り組むだけではなく、自然法や道徳論などの具体的で実践的な問題をも積極的に論じているのである。

こうした華々しい活動の一方で、一七九八年にフィヒテの思想をめぐって「無神論論争」と呼ばれる大きな事件が勃発する。この一連の出来事が契機となって、フィヒテは「無神論」との非難を受ける。そして、一七九九年三月にイェーナ大学の教授職を解任されたフィヒテは、ベルリンへと去ることになる。この事件は次のような経緯をたどった。

弟子のフォアベルクの論文「宗教の概念の発展」とともに、フィヒテは「神的世界統治に対する私たちの信仰の根拠について」という論文が掲載された雑誌を公表した。これに対してある匿名の論文が、フィヒテが危険な「無神論」を説いているという主旨の批難をした。実際のところ、フィヒテは「無神論」を唱えていたわけではなかったのだが、この批難は、フィヒテの学術的な立場をめぐってというよりも、むしろ彼の政治的言動に対して牽制する意図からなされたというのが実情であった。だが、これを受けて、ザクセン政府に続いてヴァイマール政府がフィヒテの責任を追及するようになると、フィヒテは自らの立場を弁明するためにいくつもの論文や手紙を書いた。これらで彼は、かなり過激な調子で抗議をしてしまう。さらに、この手紙のうちで辞職について言及してしまったことが自らの首を絞めるかたちとなり、ついには大学を解任されることになってしまった。フィヒテの辞職を決定する際には、ゲーテまでもがフィヒテの罷免を主張するに至っており、フィヒテはついにこの決定を覆すことができなかった。

こうしてイェーナを去ったフィヒテは、一八〇五年にエアランゲン大学、そして一八〇七年にはケーニヒスベルク大学の教授を歴任した。その後、彼はベルリンでも引き続き活動をおこなった。その中でも、特に講演『ドイツ国民に告ぐ』はよく知られているだろう。この講演は、当時ナポレオンの占領下にあったベルリンで、一八〇七年から翌年にかけて毎週日曜日に、一四回にわたっておこなわれた。一八一〇年にフンボルトのもとベルリン大学が開設されると、その創設に関わったフィヒテは哲学部長に任命され、翌年には大学の初代総長となった。ベルリン大学でも彼は知識学や道徳論、法論の講義を受け持った。一八一四年一月、妻のヨハンナがチフスに感染すると、間もなくその看病をしていたフィヒテも感染し、一月二九日にフィヒテはベルリンで逝去する。五一歳であった。

フィヒテとフランス革命のつながり

初期ドイツロマン派の詩人であり、思想家でもあったフリードリヒ・シュレーゲル（1772-

1829）が、ある断章において、時代の最も大きな趨勢として挙げたのが「フランス革命」、ゲーテの『ヴィルヘルム・マイスター』、そしてフィヒテの『全知識学の基礎』であった（シュレーゲル 1978: 51）。初期のフィヒテの哲学は、彼と同時代の人々にとって、それほどのインパクトがあったのである。そこで本書では、この初期の思想を中心に見ていくことにしたい。まず、フィヒテの思想に立ち入る前に、この時代の大きな出来事とされるフランス革命とフィヒテとの関係を見ていこう。フランス革命は、フィヒテ自身の思想にとって決定的な影響を与えた出来事だったのであり、特に「自由」という彼の基本的な思想を理解するうえで重要である。一七九五年に、デンマークの詩人であり友人であったバゲッセンへの書簡で、フィヒテはこう言っている。

私の体系は、最初の自由の体系です。かの〔フランス〕国民が人間を外的な鎖から解き放つように、私の体系は物自体、つまり、外的な影響の鎖から解き放ち、その体系の第一原則の中で人間を自立した存在として設定しています。この国民が外的な力によって政治的自由を戦い取ったここ数年の間に、私の体系は私自身との、さらにはあらゆる根深い偏見との内的な戦いを経ることで生み出されました。彼らの助けなしには生まれなかったのです。彼らの価値が私をより高め、私の内にこの体系をまとめるのに必要なエネルギーをつちかってくれたのです。この革命について書くことで、いわばその報酬としてこの体系の最初の合図と予感が与えられたのです。ですから言ってみればこの体系はすでにこの国民のものです（フィヒテ 1997c: 442-3）。

この引用から、フィヒテにとって哲学と政治とが密接に連関していることが分かるだろう。とりわけ、フィヒテの哲学に影響を与えたのがフランス革命だったのであり、それはフィヒテ自身が自覚していることでもあった。そして、「自由の体系」としてのフィヒテの思想は、「自由」の理念という点で、フランス革命と本質的に結びついているのである。こうしたフィヒテの哲学は、知識学と政治・宗教・法などを扱ったその他の著作との連関のうえで成立している。たしかに、一七九四年の『全知識学の基礎』はフィヒテの主著として知られているが、フィヒテの哲学は知識学に尽きるものではない。「自由の体系」としてのフィヒテ哲学は、そのいわば原理を説く知識学と、その具体的な応用としてのその他の著作によって形成されているのであり、両者が内容面で連関していることを忘れてはならない。

さて、ここでフィヒテ自身が言及している革命についての著作とは、『フランス革命論』を指している。この著作で、彼はフランス革命を、ただフランス国内で起きた政治的な事件としては捉えておらず、むしろ人類全体にとっての重大な出来事であることを説いている。「私にはフランス革命は、人間の権利と人間の価値という偉大なテクストの豊かな絵画に思えるのである」（フィヒテ 1997a: 75)。この革命から、フィヒテは、人間が自らの権利と価値に気づき、自分自身の「自由」にもとづいて新たな社会を構築するという、新たな時代が到来したことを看取したのである。

したがって、この著作は単にフランスの出来事について論じようとしているのではない。そうではなく、カントの道徳哲学の「自律」にもとづいて、「そもそも国民にはみずからの国家体制を勝手に変える権利があるのかどうか」(フィヒテ 1997a: 84) を問題にしている。この問いに対して、フィヒテは肯定的な答えを与え、ルソーと同様に、革命の権利を「譲り渡すことも失うこともできない人間の権利」(フィヒテ 1997a: 148) であると考えた。

フィヒテは、国家は市民どうしの「契約」によって成り立つものであると捉える。そのため、革命の可否は契約の成立とその破棄という問題として把握される。フィヒテは、範囲の異なる四つの同心円の図によって国家と個人の関係を説明する。それによれば、一番広い外側の円Aが形成する領域は「良心の領域」とされる。この領域を支配する法則は、個人の内面の「道徳法則」であるとされる。そのひとつ内側の第二の円Bは「自然法の領域」とされ、自然法と呼ばれる法則(義務の法則)が支配している。そして、もうひとつ狭い第三の円Cは「契約一般」の領域を示しており、各人が自由な意志によって契約を結ぶことで成立する社会に該当する。そして、一番狭い円Dが「市民による契約の領域」を意味し、これが国家の範囲を示している。『フランス革命論』では、以上の四つから成る同心円のモデルによって共同体を説明する (フィヒテ 1997a: 179)。

契約とは自由な選択意志から成り立っているのだから、同時に、それを破棄し、撤回するという自由も市民には認められることになる。そこからフィヒテは、この権利自体は他人に譲渡することが不可能であり、革命は正当で合法的な権利を行使するものであると結論づける。このようにして彼は、個人の自由を積極的に擁護しようとしているのだが、その反面で、『フランス革命論』では国家の機能が著しく限定的なものとなっている。つまり、このような理解では国家が行使しうる立法権や執政権をうまく説明できず、国家は、つねに市民の意志によって破棄されうるような、脆弱な基盤しか持っていないことになる。こうしたフィヒテの革命論においては、道徳法則が決定的な役割を担っているが、それは彼がカントの多大な影響下にあったためである。その傍証となるのが、フィヒテがフランス革命を考える際にカント哲学を「もうひとつのはるかに重要な革命」（フィヒテ 1997a: 77）と表現していることである。カントの大きな影響は、理論的な分野である知識学においても同様に見受けられる。

初期の知識学の思想

フィヒテは、カントの偉大な功績を認めつつも、その批判哲学にはなお不徹底な点があると考えていた。この点を詳しく見ていくためには、当時の論争状況を簡単に整理しておくことが必要だろう。

カント哲学に関してラインホルトは、批判哲学では知の基礎や確実性について十分な根拠づけがなされておらず、そのため哲学が「体系」となっていないことを問題視した。そこで、ラインホルトは「根元哲学」によって、カントの批判哲学に「体系性」を与えようと試みた。ここでの「体系」とは、ある最高の根本原則を起点として、そこから後続する諸原則が秩序をもって導出されることを意味している。ラインホルトの「根元哲学」は、そうした「体系としての哲学」を構想することを目指しているのである。ラインホルトは、その原理を「意識律」と呼ばれる意識の根源的「事実」に求める。「意識律」とは、「意識において、表象は主観によって主観および客観とは区別され、かつこの両者に関係づけられる」と定式化される。ラインホルトは、この命題から一切の知を体系的に導出しようとしたのである。だが、この「根元哲学」に対して、まもなくシュルツェ（1761-1833）が、古代の懐疑主義の哲学者の名前で発表した『エーネジデムス』（一七九二年）において、「意識律」はいまだ「体系」の根本原則たりえていないのではないか、という批判を懐疑論の立場から向けることになる。

こうした論争状況を受けて、フィヒテは、哲学にはいまだ最高原理が欠けていることを認識し、「体系としての哲学」を構想することが自らの課題であると考えるようになった。ラインホルトの思想の難点を『エーネジデムス』から受け取った彼は、新たに、意識の「事実」のさらに根底にあって人間の活動を可能にしている根拠を「事行」に求める哲学を構想した。フィヒテはそれを「知識学（Wissenschaftslehre）」と呼んだ。それは三つの根本命題から成り立つとされる。

フィヒテによれば、知識学とは「学一般の学」（フィヒテ 1997b: 30）であり、自然科学などの他のすべての学の根拠づける学である。学は、単なる知識の寄せ集めではなく、体系的な形式によって表現されるものでなければならない。そうした体系的な学には、少なくともひとつの命題が確実性を持っており、この命題が、他の原理が確実であることの根拠となっていることが必要である。これがフィヒテの言う「学の学」の意味であり、哲学を他の学の基礎づけと考える点においては、伝統的な形而上学やカント哲学の理念と同じであると言えるだろう。ところで、この知識学もひとつの学である。したがって、知識学自身もひとつの確実な命題を持っている必要があるだろう。だが、知識学が「学の学」である以上、これを他の学によって基礎づけることはできない。そのため、知識学とは、自らの内で自らの基礎づけをおこなうような、他の学とは根本的に異なった性格の学なのである。したがって、知識学の命題は端的に確実であり、自己自身の中にそれを持ち、「自己自身によって基礎づけなければならない」（フィヒテ 1997b: 33）とされる。

それでは、「学の学」としての知識学の第一原理はどのようにして考えられるだろうか。フィヒテは、論理学における確実な同一律の命題「AはAである」を手がかりとして考察を始める。通常、私たちがある判断をして、それを同一律の命題によって表現するとき、それは単に「Aと

A」が同一であるという関係が定立されることだと理解する。それに対してフィヒテは、同一性の関係はこの命題を判断する主体のうちに定立されていると理解せねばならない、と主張する。この同一律を判断する主体とは「自我」に他ならない。フィヒテが指摘しているのは、この「自我」という根拠うちに、「A＝A」という自己同一的な関係が成立しているということである。つまり、フィヒテは、「A＝A」という確実な命題の持つ論理的な必然性から、「自我はある」という命題もまた確実でなければならないことを示そうとしているのである。このことから、「自我は自我である」という命題が獲得される。ここで重要なのは、任意の同一律の命題「AはAである」が自我の存在を根拠（前提）に成立しているのに対して、「自我は自我である」という命題においては、自我の定立と存在とが同時に表現されるような、無条件に妥当する根本原理が導出されることである。

フィヒテは、この「自我は自我である」は単なる経験的な事実ではなく、あらゆる人間精神の働きの根底にある根拠であるという。自我は、自我自身を定立する限りにおいてのみ、定立する働きとして存在する。つまり、自我については、自己定立することと存在することが同じなのである。言い換えれば、自我の根源的で純粋な能動性においては、働きとその所産とが同一であって、働き（Handlung）であるだけでも、あるいはその行為の所産（Tat）であるだけでもない。フィヒテはこの事態を表現するために、「事行（Tathandlung）」という造語を使っている。以上のことから、「自我は根源的に端的に自己自身の存在を措定する」（フィヒテ 1997b: 98）という知識学の第一根本命題が確立される。かくして、あらゆる知が根拠づけられる最高の根本命題は、自我の自己定立の作用であるとされる。

第一根本命題に続き、フィヒテは「自我に対して端的に非我が反立される」を第二根本命題とし、さらに、その自我と「非我」との対立を「可分性」の概念によって総合する第三根本命題を打ち立てる。第二根本命題もまた、さきのアプローチと同様に、確実な命題である「非AはAではない」から出発する。フィヒテはこの命題から、対象を定立する活動の根底にある「反立」を見いだし、自我に対する非我の反立を説く。非我とはさしあたり「対象」を意味するが、この概念はある客観を抽象した結果現われたのではなく、ここではあくまで自我自身の活動によって非我（自我ならざるもの）が反立されることを意味している。非我は自我に対して存在し、自我との関係によって規定されるのである。

フィヒテによれば、第二根本命題が導出されたことで、解決しなければならない課題が登場する。①自我に対して非我が反立される限りで、自我は定立されない。だが、②そもそも非我が反立されるのは自我があるからであり、その反立として定立されることではじめて可能になる。これら二つは矛盾している。この矛盾を解決するのが、第三根本命題である。この解決は、自我と非我が相互に制限し合うことによってなされる。ここでのポイントは、「可分性」の概念である。

フィヒテによれば、自我と非我の制限は、どちらか一方を完全に否定してしまうのではなく、両者がそれぞれ自らの一部分を制限しあうことでおこなわれる。その限りで、さきに現われた矛盾は解決される。この制限と反立は同時に相即する関係にあり、制限がなければ反立もなく、逆に反立がなければ制限もおこなわれない。

以上から、「自我は自我の中において可分的な自我に対して可分的な非我を反立する」という第三根本命題が成立する。こうして知識学では、第一根本命題をもとにして、第一と第二の根本命題の矛盾を第三の根本命題が総合する、というようにして三つの根本命題が設定される。この三つの根本命題は、知識学の理論部門と実践部門のあらゆる内容の基盤であり、すべてはこれらの命題から展開される。したがって、フィヒテは「今から人間精神の体系の中に現われるべきものはすべて上にかかげたところから導来されることができるのでなければならない」（フィヒテ 1997b: 114）と言う。知識学に続く自然法論も道徳論も、「知識学の原理による」と表現され、体系の形式として叙述されるのは、このためである。

『自然法の基礎』における法権利論

初期の政治的著作であった『フランス革命論』では、道徳性の理論をもとにして法権利(Recht)関係を導出することで「譲渡できない権利」としての革命の権利を説いていた。このとき、フィヒテは国家に対してかなり否定的な態度をとっており、国家の干渉を牽制しながら、はっきりと個人の革命の権利を擁護しようとしていた。

だが、知識学を経て構想された『自然法の基礎』ではこうした見解は改められ、法権利の原理と道徳性の原理とが明確に区別される。つまり、法権利はいまや道徳性の原理である「自律」の概念からは導出されないのである。フィヒテは、法権利を「知識学の原理にしたがった」別のやり方によって導出し、法権利と道徳の区別を根拠づけようとする。そこで彼は、この法権利論において、他者の問題に正面から取り組むことになる。

『自然法の基礎』は「知識学の原理にもとづく」とされるが、それは具体的には、自我の自己定立から出発して、その「制約」を考察しながら法権利の概念を導出する方法をとることを意味している。ここではまず、「制約」という概念を理解することが重要である。簡潔に言えば、「AがBがなければならない」とき、「BがAの制約である」…措定されるためには、その必然的な条件としてBがなければならない」とき、「BがAの制約である」と言われる。『自然法の基礎』の第一部「法権利概念の演繹」は、理性的存在者が存在するための制約（条件）を遡及して求めていくことで、法権利の概念に到達しようとしている。

まず、第一定理は、有限な理性的存在者の自己意識が可能であるためには、この存在者に「自由な実働性（Wirksamkeit）」が帰属していなければならない、である。「実働性」とは、感覚界に対して、身体を通じて働きかける能力を意味する。さらに、「自由な実働性」が可能になる制約として、理性的存在者の外部に感覚界がなければならず、外部の世界があって、はじめて理性的存在者に実働性の能力を帰することができるとされる。『自然法の基礎』で主題となる自我は、知識学での「自我」とは異なり、感覚界（現実の世界）において身体の作用を伴って実働する（wirken）「有限な自我」であることにも注意する必要がある。有限な自我は、外界に働きかけることで客体を反立すると同時に、その働きを介して自らを意識する。それゆえ、その論証の過程は有限な理性的存在者の自己意識を出発点とする。

次に、第二定理が立てられるが、ここで他者との関係が主題になる。すなわち、「有限な理性的存在者は、感覚界における自由な実働性を自分自身に帰属させることができるためには、それを他の理性的存在者にも帰属させなくてはならない、したがって、自己の外に他の理性的存在者をも想定しなければならない」（フィヒテ 1995: 43）。この第二定理は、「促し」（フィヒテ 1995: 47）というフィヒテに独自の術語によって説明される。理性的存在者は、自由な実働性を発揮することによって客観に働きかけるとされるが、この存在者は、それを単独では遂行することはできない。主体である有限な自我は、自分と同様の能力を持った他の理性的存在者から、「実働するように決意せよ」という「促し」を受ける。それによって理性的存在者は自らの自由な実働性を発動できる。そのため、この「促し」の主体として、他の理性的存在者が導出されるのであり、それによって法権利概念を論じるのに不可欠な、他者との共同性の次元が開かれる。フィヒテにおいては、人間は他者たちとの関係においてのみ、一人の人間であることができるのであり、それゆえ「個体（Individuum）」とは、孤立した単独者を意味するのではないのである。

さて、単に複数の存在者がいるだけでは、まだそれぞれの理性的存在者が自由な存在者として共存することは示されておらず、個体の自己意識も確立していない。この他者との規範を問題にするのが第三定理であり、『自然法の基礎』の中心的な課題の一つである「法権利関係」が展開される。すなわち、「有限な理性的存在者は、自己の外になおも別の有限な理性的存在者を想定しうるためには、自己自身が彼らと権利関係と呼ばれる特定の関係に立っている、と想定しなくてはならない」（フィヒテ 1995: 57）。そして他者との関係は、「相互承認」の理論として捉え直される。ここでの「他者を承認すること」とは、他者を自由な理性的存在者として認識し、それにふさわしいやり方で扱うことを意味する。それによって、自分も他者も、相互的に自らの自由な行為の領域を制限することになる。「自由な存在者相互の関係は、知性と自由とをつうじた交互実働の関係である。〔……〕双方が相互に承認しあうのでなければ、どちらも相手を承認することはできない」（フィヒテ 1995: 60-1）。こうした「相互承認」の関係が、「法権利関係」の基礎を成すことになる。こうしてフィヒテは、「各人が自分の自由を他者の自由によって制限するという条件のもとで、各人が自分の自由の可能性の概念によって同様に制限する」という関係を「法権利関係」（フィヒテ 1995: 71）と呼び、この法権利の概念が自己意識の条件であることを導き出す。

主体は自由な共存のために自らの自由によって自由な活動を制限する、という理解がフィヒテの共同性の理論や法論の基礎である。『自然法の基礎』の第二部は、第一部で導出された法権利の概念の「適用」を解明し、この概念が具体的に現実化するための要件を呈示する。それによれば、理性的な存在者が「理性的な個体」＝「人格（Person）」（フィヒテ 1995: 76）として自らを措定するためには、自分の意のままになる「身体」が必要であることが導出される（第四定理）。そして、人格がそのような身体を持つための制約として、他の人格から影響を受けることが演繹される（第五定理）。すでに第一部で述べられたように、「人格」は、身体を介してのみ他者に対して働きかけることが可能になり、また、身体をつうじてのみ他者の「促し」を受けとることができる。フィヒテが強調しているのは、法権利の「概念」は、身体を備えた「人格」どうしの共同においてのみ、現実的でありうるということである。

法と道徳の区別――『道徳論の体系』における義務論

『自然法の基礎』において、フィヒテは一貫して法と道徳の区別を強調している。同著の緒論で、彼は、自由な存在者の共同性の樹立は法権利の概念によって可能となる、というテーゼを綱領的に打ち出していた。この法権利概念は、さきに見たように、道徳性とは関係なく導出されるため、「自然法の領域では善意志は問題にはならない」（フィヒテ 1995: 73）とされる。フィヒテにおいては、自由な共同は各々の「任意の決意」に委ねられており、法の領域では「〜すべきである」と語ることはできない。法権利の法則は、「自分の権利を行使してもよい」と「許可」するだけであって、権利の行使を命令したり、強制したりすることはできない。これが道徳法則との最大の相違点である。だが、それゆえ、「自由な存在者そのもののあいだの共同性が持続的に成立すべきであるという要請は、〔……〕任意の要請として」（フィヒテ 1995: 112）現われる。そのため、他者を強制することはできず、それは「仮言的」な要請にとどまらざるをえない。「もし自分の意志を全く制限しようとしない人がいたなら、自然法の領域ではそうした人に対しては、それなら君はあらゆる人間社会からはじきだされざるをえない、というように応戦するほかない」（フィヒテ 1995: 21）。こうした法権利の仮言的な性格は、私たちがさきに見た「相互承認」もまた、仮言的に、「双方が相互に承認しあうのでなければ、どちらも相手を承認することはできない」とされていたことに通じている。つまり、法権利の仮言的な性格は、相互承認論の特質に由来していると考えられるのである。

フィヒテは、この関係の不安定さを主体相互の「信頼」によって補う可能性を示唆するが、そうした他者への信頼も、つねに裏切られ、破棄される危険性を完全に免れることはできない。したがって、『自然法の基礎』第三部で述べられる「公民契約」「民事立法」「憲政体」論では、「強制権」の行使を容認する傾向が顕著に認められる。フィヒテは『フランス革命論』においては、個人の性善説を擁護する立場をとり、国家の干渉を極度に制限しようとしていた。それに対して、彼は『自然法の基礎』では、国家に公共生活の安全の維持や法権利の保護といった役割を認めるようになる。こうした「強制権」の論点については、のちにヘーゲルが『フィヒテとシェリングの哲学体系の差異』（一八〇一年）において、フィヒテの「強制」では、自由な共同は実現しないという主旨の批判を加えたことがよく知られている。フィヒテに対して、ヘーゲルは「最高の共同こそ最高の自由である」というテーゼを対抗させるが、興味深いことに、彼はフィヒテの「承認」の概念を自らの体系に積極的に取り入れることで、独自の共同体論を展開するようになるのである。

さて、『道徳論の体系』において展開される道徳についての考察は、『自然法の基礎』での成果を踏まえたうえでなされる。フィヒテは、『道徳論の体系』において、「私たちの行為が道徳的である」と言いうるための形式的条件を呈示する。それによれば、私たちが自由を目指して「道徳的衝動」にもとづいて行為するとき、自然の法則や因果性から独立するような「ひとつの系列」が形成されるとされる。この系列が根拠となって遂行される行為を、フィヒテは「義務」と呼び、この系列が有限な理性的存在者にとっての「道徳的な使命」（フィヒテ 1995: 184）になるとされる。

それでは、この義務や使命はどのようにして遂行されるのだろうか。フィヒテは、「義務についての自己確信」によってそれが可能になるとする。彼は、道徳の形式的法則を「君の義務についての確信に端的に合致するように行為せよ」（フィヒテ 1995: 200）、あるいは、「君の良心に従って行為せよ」（フィヒテ 1995: 191）と定式化する。人間は、自らの自由な意志によって、いくつかの可能性から自らの行為を選択することができる。フィヒテによれば、この際の行為の選択の根拠が「君の確信」であり、この確信によって義務だと見なされることをなすのが、「道徳的な行為」であるとされる。それでは、この確信が正しいかどうかの基準は、どこに求めることができるのだろうか。この基準を与えるものこそが、「良心」に他ならない。

「良心」とは、「われわれの特定の義務についての直接的意識」（フィヒテ 1995: 212）であり、「確実性の感情」を意味する。人間は、「良心」という内面の感情に照らし合わせて義務を確信し、自分自身に法則を与えるのである。フィヒテにおいて「良心」とは、決して誤ることがないような、義務についての明証性を与える「感情」として捉えられる。人は「良心」に従うことで、つねに義務を果たすことができるのだが、その一方で、「良心」に照らし合わせずに行為した場合、それは「良心を欠いた行為」となり、義務に反する行為として現われる。義務に反する行為は、「良心」の確信ではなく、「権威」という外的な行為の基準に従って行為することによって生じるとされる。フィヒテは、「良心」の確信によらない行為を「絶対的に罪」（フィヒテ 1995: 217）であるとまで言い切り、断罪する。

すでに私たちは「良心」が、『フランス革命論』においても重要視されていたことを見てきた。そこでは、「良心」は「道徳法則の表現」や「内なる裁判官」（フィヒテ 1997a: 96）と呼ばれており、共同体のすべての人間が持つ義務の審級として理解されていた。これに対して、『道徳論の体系』では法権利とは別の文脈において、つまり、道徳的行為において、「良心」の果たす役割が詳細に規定し直されている。「良心」とは、私たちが道徳的な行為をする際に、その行為についての確信や、義務の正しさの基準を提供するという重要な機能を担うものなのである。

さて、『道徳論の体系』の最終部「本来の義務論」では、フィヒテに独自の義務論の特徴を確認することができる。ここでは、個人と共同体の関係という観点から、彼の議論をまとめてみよう。フィヒテは、個人は道徳法則の「道具」（フィヒテ 1995: 307）にすぎないことを強調する。だが、この言明は、彼が個人の尊厳を認めないことを意味しているのではない。フィヒテが言おうとしているのは、当の本人にとって「目的」であることはできず、各人は相互に、他者にとってのみ「目的」であることができるということである。この点は、自分自身を「目的」とすることができるとしたカントの立場とは異なっている。しかし、フィヒテ自身の理解では、この命題はカントの主張と矛盾するものではない。フィヒテは、カントの「いかなる人間もそれ自身目的である」という言葉を引用しながら、この文言を、私という個人は、他のすべての理性的存在者たちにとっては「目的」であることを表現している、と解釈する。このことを逆の立場から捉えると、他者たちは、私にとっては「目的」なのである。フィヒテによれば、個人は道徳法則の「道具」「手段」、あるいはその「乗り物」であることによって、かえって尊厳を持つことができる。この意味において、フィヒテの主張は、カントの命題と両立するのである。フィヒテにおいては、自分自身を「目的」だと見なすことができるのは「神の観点」(フィヒテ 1995: 308) からのみ可能であるとされるが、各人は道徳法則(「理性」)の「道具」である限りで、「目的」たりうるのである。

　こうした道徳法則の解釈においてフィヒテが重視しているのは、私たちがひとつの「共同体」に属しており、他者との共同によってはじめて「個体」として存在している、ということである。こうした立場から、フィヒテの義務論には、個人の自分自身に対する義務に、全体(他者たち)に対する義務が優先する、という傾向が見られる。フィヒテにとっては、個人がただ自らの敬虔さのみを求めるのは「利己主義」であり、「彼らは自分のみを完全にしようとする。真の徳は行為のなかに、しかも共同体のための行為のなかにあり、そこでは人は自分自身を完全に忘却する」（フィヒテ 1995: 309）のである。

フィヒテは、個人の自分自身に対する義務を「間接的な制約された」義務、全体に対する義務を「直接的で無制約的な義務」と呼び換えることで、両者の区別を明確にする。道徳法則とは、本来は個人においてではなく、全体において表現されるべきであるとされる。だが、一方で、前者の義務においては、私という個人が道徳法則の実現のための「手段」となることで、「間接的に」表現されるという「制約」を被っている。以上の理由から、個人に対する義務は「間接的」であり、「制約されて」いるとされる。具体的には、個人の自己保存の義務や自殺の禁止、特定の身分を選び取ることなどが挙げられる。

他方で、後者の義務は、他者との共同（全体）におけるものであり、前者との対比によって、直接的で制約を持たない義務と呼ばれる。この義務は、端的には、「彼［他者］の身体にけっして直接に影響を及ぼしてはならない」（フィヒテ 1995: 333）ことだとされる。フィヒテは、この共同体全体に対する義務を、「絶対的で最高の義務」とも言い換えている。この義務の例として、殺人や虚言や窃盗を禁止することが挙げられる。また、家族関係という自然的な身分に即した義務、職務を全うすることをつうじて共同体に貢献する義務も後者に分類される。以上のように、フィヒテは『自然法の基礎』において、義務を細分化して論じている。

私たちは、これまでフィヒテの初期の思想を中心に追ってきた。フィヒテの哲学は、フランス革命をはじめとした現実への関心にもとづいて構築されたのだが、そこには知識学の成立を境界とした転換を見いだすことができるだろう。フィヒテは『全知識学の基礎』以降、法権利と道徳とを明確に区別し、それぞれを独自の領域と見なすようになっている。このことは、『フランス革命論』と比較することではっきりと見てとることができるだろう。フィヒテは、知識学の原理から共同体を考察することによって、新たな法権利論、義務論を呈示するようになったのである。

参考文献

シュレーゲル [1798]1978 山本定祐編訳「アテネーウム断片」『ロマン派文学論』冨山房百科文庫

フィヒテ [1793]1997a 田村一郎訳「フランス革命についての大衆の判断を正すための寄与」『フィヒテ全集・第二巻・初期政治学論』哲書房

——[1794]1997b 隈元忠敬訳「全知識学の基礎」『フィヒテ全集・第四巻・初期知識学論』哲書房

——[1795]1997c 田村一郎訳「イェン・バゲッセン宛書簡」『フィヒテ全集・第二巻・初期政治学論』哲書房

——[1796]1995 藤澤賢一郎訳「知識学の原理による自然法の基礎」『フィヒテ全集・第六巻・自然法論』哲書房

――――[1798]2000 藤澤賢一郎・高田純訳「知識学の原理による道徳論の体系」『フィヒテ全集・第九巻・道徳論の体系』哲書房

［久冨峻介］

ヘーゲル――精神と自由

生涯と著作

ゲオルク・ヴィルヘルム・フリードリッヒ・ヘーゲル（1770-1831）は、ドイツ南部シュヴァーベン地方にあるヴュルテンベルク公国の首都シュトゥットガルトで生まれた。シュヴァーベンはプロテスタントが多い地域であり、ヘーゲルもまたこの地方の質実な雰囲気の中で幼少期を過ごした。父はヴュルテンベルク公国の財務局書記官を務めており、典型的な中産階級の家庭だった。ヘーゲルは地元シュトゥットガルトのギムナジウムを卒業し、一七八八年からチュービンゲンの神学校（シュティフト）で学んだ。ヘーゲルは学生時代からギリシャ・ラテンの古典を愛読し、古代ギリシャを憧憬していた。

一七八九年にフランス革命が勃発すると、革命の雰囲気は隣国であるドイツにも流れてきた。

ヘーゲルは大学の友人であり、後に詩人となるヘルダーリン（1770-1843）や、五歳年下でありながらヘーゲルの二学年下に入学してきたシェリング（1775-1854）とともにこの革命に熱をあげた。現実には、フランス革命は恐怖政治という結末を迎え、ヘーゲルをはじめとする学生らの希望を裏切るものとなった。それでも、ヘーゲルはこの革命から自由の理念とその実現という時代の課題を受け取ったのであり、この革命は生涯にわたってヘーゲルの思索に大きな影響を与え続けることになる。

神学校を修了したヘーゲルは、スイスのベルンのシュタイガー家で家庭教師の職に就く。ヘーゲルはこの地で一七九三年から九六年まで過ごし、宗教に関するいくつかの論文を残している。それらのうちには、「民族宗教とキリスト教」「イエスの生涯」「キリスト教の実定性」と呼ばれている草稿がある。(1) 一七九七年からはヘルダーリンの紹介で、フランクフルトのゴーゲル家の家庭教師となり、引き続き宗教の研究に取り組んでいる。この時期に残された草稿は、後のヘーゲル哲学の鍵概念となる「精神」の範型となる「愛」や「生命」といったモチーフが認められる点で、非常に興味深い。当時のヘーゲルの関心は、ドイツの哲学界の最先端の論争にはなく、ドイツにおける政治や宗教の現状を考察することにあった。また、この時期にヘーゲルは宗教研究やカント哲学（道徳、倫理学）のみならず、スチュアートの経済思想にも関心を寄せていた。これらの思想の批判的な受容は、後のヘーゲルの社会哲学や国家論の展開にとって大きな意義を持つことになる。

ヘーゲルはシェリングの誘いを受けて（当時、シェリングはすでにイェーナ大学の教授になっていた）、一八〇一年にイェーナに移る。このイェーナ時代にヘーゲルは自らの哲学思想を深め、独自の理論を確立していくとともに、本格的に哲学についての著作活動を始める。当時まだ哲学界では無名であったヘーゲルは、『フィヒテとシェリングの哲学体系の差異』（一八〇一年、以下『差異論文』）を上梓する。これがヘーゲルの哲学のデビュー作である。その後、ヘーゲルはシェリングと共同編集で「哲学批判雑誌」を刊行し、「信仰と知」（一八〇二年）、「自然法の学的取り扱いについて」（一八〇二年、以下「自然法論文」）などの論文を発表する。ヘーゲルは、「信仰と知」においては、カント、ヤコービ、フィヒテの哲学を俎上にあげ、それらをまとめて「主観性の反省哲学」と特徴づけたうえで批判を試みている。「自然法論文」では、ヘーゲルが「人倫」と呼ぶ共同体の構想が、はじめてまとまったかたちで呈示される。この論文からは、古代ギリシャの「ポリス」を模範としながら、近代の法や経済思想を共同体論の中に組みこもうと苦闘している様子が窺える。こうした苦慮の痕跡は、この時期に執筆された草稿「人倫の体系」（一八〇三年）にも認められる。ヘーゲルは、富と貧困を生み出してしまう市場や経済の領域を「欲求の体系」と呼び、この領域が国家のうちにどのように位置づけられうるのかを考察する。この論考は、後年の『法の哲学綱要』（以下、『法の哲学』）の「市民社会」論の原型を成している。

こうした思索を経たヘーゲルのイェーナ期の総決算こそが、『精神現象学』（一八〇七年）である。この著作はその内容の難解さもさることながら、出版に至るまで特異な経過を辿ったことでも知られている。ヘーゲルが執筆に着手したのは一八〇五年五月頃と推定されているが、ヘーゲルの執筆は難航し、ついには出版社から出版中止の話も出るようになった。そこでヘーゲルの友人であったニートハンマー（1766-1848）が仲立ちをし、一八〇六年の一〇月一八日までに原稿を完成させるよう出版社と約束をした。これによってヘーゲルは、いよいよ原稿の完成へと追い込まれたわけである。ところが、折しもこのときプロイセン軍との戦争でナポレオン率いるフランス軍が、ヘーゲルのいるイェーナに侵攻してきており、彼はこの戦いを横目に執筆を進めざるをえなくなる。一〇月一三日のニートハンマーに宛てた書簡では、街を行進する馬上のナポレオンを「世界の魂」と呼び、その姿を目撃したことを伝えている。その後完成させた原稿を出版社に送ったヘーゲルは、ナポレオン軍による戦火を逃れるために、イェーナの街を離れざるをえなくなる。『精神現象学』とは、当時のこうした混乱の中で完成したのである。その後、ヘーゲルはニートハンマーの助力によって『バンベルク新聞』の編集者の職を得て、一八〇七年の三月にイェーナを後にし、バンベルクへと転じた。

『精神現象学』を出版した後、一八〇八年ニュルンベルクに新設されたギムナジウムの校長兼教授となったヘーゲルは、そこで学生に向けて哲学の授業をおこなった。ここでヘーゲルは哲学関係の教科書の作成に積極的に関わりながら、自らの哲学の理論を練り上げていった。こうして実際に生徒の教育に携わる中で、ヘーゲルの主著のひとつである『論理学』が公にされた。彼はまず、第一巻第一篇「存在論」（一八一二年）、同第二編「本質論」（一八一三年）を刊行し、後のハイデルベルク時代に第二巻「概念論」（一八一六年）を公刊した。

一八一一年、四一歳の誕生日を迎えた直後にヘーゲルは、ニュルンベルクの古い貴族の家柄であるトゥヒャー家の長女マリーと正式な結婚式を挙げた。ヘーゲルには一八〇七年に生まれた庶子がいたが、ヘーゲルは新たに彼女との間に、生後間もなく死んだ長女の他に長男カールと次男エマヌエルをもうけた。

一八一六年にハイデルベルクへと移ったヘーゲルは、翌一八一七年に『エンチュクロペディー』を出版した。この著作もまた、ギムナジウムでの講義をおこなう中で完成したものであり、諸学の体系というヘーゲル哲学の特質が最もよく現れている。『エンチュクロペディー』では、まず「論理学」（「存在論」「本質論」「概念論」）が展開され、次に「自然哲学」（「力学」「物理学」「有機体学」）がそれに続く。最後に、「精神哲学」（「主観的精神」「客観的精神」「絶対的精神」）が展開され、体系が完結する。ヘーゲルの哲学体系は、これらの諸学から成る「円環」として構想されている。

一八一八年、ヘーゲルはプロイセンの首都ベルリンに赴き、フィヒテの没後（一八一四年）から空席となっていたベルリン大学の教授に就任した。このベルリンがヘーゲルにとっての最後の地になるが、一八三一年に亡くなるまでの一三年間、彼はベルリンで講義を精力的におこなった。ヘーゲルが講義をした科目は、「論理学と形而上学」「エンチュクロペディー」「自然哲学」「歴史哲学」「美学」「宗教哲学」「哲学史」など多岐にわたる。この講義には国内のみならず外国からも学生たちが聴講に訪れ、多くの弟子を育てたヘーゲルは哲学者としての名声を不動のものとした。その一方で、ベルリン時代に新たに著作として刊行されたのは、(『エンチュクロペディー』と『論理学』の改訂を除けば)『法の哲学』(一八二一年)だけである。かつては、ヘーゲルの手によるものとして扱われてきた『歴史哲学』『美学』『宗教哲学』『哲学史』などは、ヘーゲルの講義を死後に弟子たちが編集してまとめたものであった。一八二九年、ヘーゲルはベルリン大学の総長に就任する。ヘーゲルは『エンチュクロペディー』(一八二七年に二版、一八三〇年に三版)と『論理学』(一八三一年に二版)の改訂に次いで、一八三一年に『精神現象学』の改訂を進めていたのだが、その矢先、当時流行していたコレラを患い急逝する。六一歳であった。ヘーゲル本人が生前希望していた通り、彼の遺体はベルリンの墓地でフィヒテの墓の隣に埋葬され、今日に至っている。

初期の宗教論――「愛」と「生命」、「合一哲学」への転換

青年時代のヘーゲルが主に取り組んでいたのは、宗教論であった。この宗教研究での中心的な課題は、宗教の教義そのものの解釈や神学的問題を分析することではなく、彼の時代の道徳や共同体の基盤となっていた宗教を、新たに構想することにあった。学生時代からのヘーゲルの関心は、個人が生き生きとした調和を体現している古代ギリシャのポリス的な共同体を実現することに向けられていた。この時期にヘーゲルが取り組んでいる宗教への批判的考察は、彼が生きていた同時代の社会的、歴史的状況と乖離したものではなく、むしろフランスをはじめとした諸外国から後れを取っていたドイツの社会のあり様を改変するという関心にもとづいている。

ヘーゲルは、人間とは共同性という基盤の上に存在するものであるという立場をとる。そこで彼が問題にするのは、近代においてこの共同性の基盤が喪失しているにもかかわらず、宗教や政治が人々を結びつける機能を果たしていないことである。ヘーゲルによれば、当時のドイツでは、キリスト教は制度化され、空虚なものとなっている。その一方で、ドイツは近代に相応しい国家の体を成していなかった。しかし、本来的には、宗教は人々の内面的心情を統合し、民族の紐帯を形成することによって共同の精神を生み出さねばならず、政治は人々の行為を法令によって制

御することで外から民族を統合させねばならない。ヘーゲルはこれらを問題視している。したがって、こうしたドイツの社会的な課題を克服し、古代ギリシャに見られたような、調和的な共同体を実現することが若きヘーゲルの課題であった。そのために、まず彼は理想的な宗教を構想することから着手する。

ベルン期のヘーゲルは「民族宗教とキリスト教」という論稿において、自らの最初の宗教論を展開する。ヘーゲルによれば、宗教とは、人々のあらゆる生活の場面で息づいており、人間やその共同体（民族）のあり方と深く結びついているべきであるという。こうした立場から、彼は宗教のあるべき姿を規定し、それを「民族宗教」と表現する。まず、「民族宗教」は個人の私的な宗教ではなく、ある民族全体の信念を支え、彼らの考え方に影響を及ぼすような「公共的な」ものでなくてはならない。そして、「民族宗教」は単に古びた教義を説くものではなく、人々の心や感性に生き生きと訴えかけるような「主体的な」ものでなくてはならない。こうした性格を持つ「民族宗教」の目的は、民族の個々人の道徳心を陶冶し、民衆の生き生きとした公共的な生活の教化を果たすことにあるとされる。この草稿でヘーゲルは、キリスト教をドイツの「民族宗教」として示そうと試みた。そして彼は、民衆の教化という観点からソクラテスとイエスを対比し、ソクラテスを高く評価している。

「イエスの生涯」や「キリスト教の実定性」においてヘーゲルは、カントの思想の影響のもと、キリスト教が理性的で道徳的な宗教ではなく、「権威」の命令に依拠する「実定的信仰」に陥っているとし、その由来を歴史的に解釈しようとする。彼は、かつてソクラテスに見いだしていた民衆の教化のモデルをここではイエスに見いだそうと試み、厳しい律法への服従を要求するユダヤ教とイエスを対比する。ここで言われる「実定性」とは、ある掟や法が現に制定されていることを意味しており、掟が歴史的、経験的な事実にもとづいて硬直していることを指している。この時期のヘーゲルは、カントに従って「自律」と「他律」という観点から宗教を論じる。ヘーゲルによれば、律法への従属を原理とするユダヤ教は、盲目的に権威に従う態度を要求する限りで、カント的な「自律」を体現するものではなく、他律的だとされる。これに対して、ユダヤ教の「他律」や実定性を克服し、民族に自律的な自由をもたらすために現われたのが、道徳的宗教の教師としてのイエスであるとされる。ヘーゲルは、イエスの教えの中にカント的な道徳や「自律」を読み込むことで、キリスト教が本来は理性的な宗教であったとする。それでは、なぜキリスト教は実定的な信仰へと陥ってしまったのだろうか。ヘーゲルはその理由をイエスの神格化に求める。つまり、イエスの教えはそれを遵守しようとする使徒たちによって権威づけられることによって、かえって実定的な性格をもつようになった、というわけである。

だが、フランクフルト期になるとこうした解釈の枠組みは一変し、ヘーゲルの思想に大きな変化が生じる。それとともに、さきのカント哲学への肯定的なトーンは後退する。ベルン期にはカント倫理学はユダヤ教に対置されていたのに対して、いまやそれは、むしろユダヤ教の精神の延長線上にあるものとして理解されるようになるのである。ヘーゲルによれば、カントは感性を理性に従属させ、義務の命令に従うことに人間の自由を見いだしていたが、ここでヘーゲルが問題にするのは、こうした態度においては、感性と理性の分裂が対立したまま残り続けるということである。つまり、カントの道徳性の原理は、〈理性（義務）による感性の支配〉と捉え直されており、この意味で実定的な宗教と事態は同じである、と解されるようになる。

ここでのヘーゲルの課題は、支配による分裂の克服に代わる統一の原理を打ち立てることである。ヘーゲルはそれを「愛」の概念のうちに求める。「ただ愛においてのみ、ひとは客体と一つになり、客体は支配することも支配されることもない」（ヘーゲル 2006: 15）。ヘーゲルは、支配や分裂を越える調和の次元を「愛」による「和解」に見いだすことで、新たに合一の思想を構想する。こうしてフランクフルト期のヘーゲルは、キリスト教をカント主義ではなく、愛の宗教として捉え直すようになる。このヘーゲルの思想的転換にはヘルダーリンの合一哲学の影響があったと言われている（久保 2012: 302）。「愛」とは、さしあたり主体と客体の合一を表わし、「世界に対する一種の態度」（ヘンリッヒ 1987: 28）を意味していた。「愛」は律法に背いた者の罪をも赦し、それによって「運命」と和解する道が開かれる。このようにしてヘーゲルは、律法の正義・犯罪という対立そのものを「愛」によって乗り越えようとする。

こうしたヘーゲルの合一哲学は、フランクフルト期の後半においてさらに発展する。たしかに、一見すると、この時期の草稿である「キリスト教の精神とその運命」において、ヘーゲルは、内容的にはユダヤ教やイエスなど、これまでの断片や草稿と殆ど同じことを論じているようにみえる。しかし、ヘーゲル自身の哲学的立場が根本的に転換したため、ここでの解釈図式は全く異なっている。この草稿の思想は、これまでの青年期の思索の総合的な成果と見なすことができる。

さて、イエスはいまや道徳的教師としてではなく、「愛」の原理を説くもの、シラー的な「美しい魂」を体現する者として理解される。例えば、「汝の隣人を愛せ」というイエスの教えは、義務や命令の形で表現されてはいるが、そこには「当為」以上のものがある、とヘーゲルは言う。ヘーゲルによれば、イエスの教えは、心の欲するところ（心情）と「～すべし」という法則との一致を目指しているとされる。この一致は、「律法の補完」（ヘーゲル 1977: 150）と名づけられる。ここで注目したいのは、ヘーゲルがこの一致を、異なるものどうしの関係として「愛」と呼ぶとともに、「存在」や「生命」と言い換えていることである。「存在」や「生命」においては、律法による心情の支配は無く、したがって両者の対立も解消しているとされる。このような、いささか唐突な言い換えは、当時の思想家の影響によるものであると考えられる。

「存在」の概念は、ヘルダーリンが、フィヒテ哲学を批判的に乗り越えようとして構想した合一哲学の根本概念を受容したことをうけている。ヘルダーリンは、主体と客体との分裂から出発するカントやフィヒテの哲学によっては、両者の真の合一には到達できないと考えた。そこで彼は、両者の対立を超えるような、求めるべき合一を「存在」と呼んだ。他方で、この「存在」や「愛」は「生命」とも言われていたが、ここにはヤコービ（1743-1819）の影響があったことが指摘されている（久保 2010: 206）[2]。

ヤコービと同様に、ヘーゲルもまた「愛」を「自分自身を再び見いだすところの生命の感情」（ヘーゲル 1977: 171）と呼ぶ。人は、「愛」において自らと「生命」という根源的な合一との連関を感じ取ることができるとされる。フランクフルト期の前半では、ヘーゲルにとって「愛」は合一を意味していた。それに対して、フランクフルト後期では、「愛」は「生命」の合一を主観的に感じとるものとして位置づけ直され、「愛」に代わって、いまや真の合一は「生命」の概念によって表現されるようになる。この合一としての「生命」が、後のイェーナ期では「精神」によって置き換えられるのである。

ヘーゲルは、こうした洞察をもとにしながら、ギリシャ悲劇の「運命」のモチーフとともに宗教論を展開する。ヘーゲルは心情と律法との対立を「愛」が克服すると説いたが、次第に「愛」の限界も自覚するようになる。「愛」とは、主観的な感情であり、所有関係を排除したところにしか成り立たない。したがって「愛」は、法や権利の原理が支配する領域と衝突せざるをえない。この点に「愛」の限界がある。この限界を克服するものとして位置づけられるのが、「宗教」である。以前に、宗教は「愛」と同一視されていたが、ここでは「愛」と区別され、新たに「愛」の立場を包括するものとして理解される。「宗教的なものが愛を補完する」（ヘーゲル 1977: 200）。そして、これらの「心情」・「愛」・「宗教」の諸段階において、人間の行為に対する「運命」が現われるとされる。「運命」は人間の行為の所産として捉えられるが、それは、人間が行為を通じて「生命」という根源的統一から分裂することによって生じる。「運命」は人間に対して罰として作用するのだが、人間はそれを契機にして自らの行為を反省し、より高次の立場へと移行することができるとされる。「運命の中で人間は自分自身の生命を認識する〔……〕。人間がそこにおいて失われたものを感じる運命は、失われた生命への憧憬を喚起する」（ヘーゲル 1977: 170）。それによって、失われた全体たる「生命」の合一が回復されるのである。この認識の過程は一方向的な運動ではなく、最初の「合一」から「分裂」を経て、再び「合一」へと至るという自己帰還的な構造を持っている。こうしたモチーフにしたがって、ヘーゲルは「イエスの運命」や「教団の運命」を解釈するのだが、この草稿では、結局教団は神的なものと世俗的なものの分離を宥和させることはできず、これがキリスト教会の迎える「運命」だと結論づけられる。

「人倫の哲学」の構想

フランクフルト末期の書簡で、ヘーゲルはシェリングに宛てて、自らの青年時代の理想を「反省形式」で表現し、「体系」へともたらす必要を感じるようになったことを伝えている。こうしてヘーゲルは、宗教から哲学の立場へと移る。「一八〇〇年体系断片」と呼ばれるフランクフルト期の論稿において、ヘーゲルは先述の自己帰還的な運動を持った「生命」の概念を次のように表現する。「生命はまさに合一や関係として考察されうるだけではなく、同時に対立としても考察されうる。〔……〕生命とは、結合と非結合の結合である」(ヘーゲル 1977: 278)。この「生命」の概念はいまだ宗教論の文脈で捉えられており、この合一は古代ギリシャを範例とした美的な宗教によってもたらされると考えられていた。これに対して、イェーナ期の著作である『差異論文』では、この「生命」の定式を「絶対者」の規定へと応用し、それを「同一性と非同一性との同一性」(ヘーゲル 2013: 161) と表現する。そしてヘーゲルは、この「絶対者」を「意識に対して構成する」ことが哲学の課題であると述べるようになる。

このようにしてヘーゲルが、自らの立場を美的な宗教から哲学へと転換した理由のひとつは、彼が「反省」概念を積極的に自らの思想に取り入れたことによっていると考えられる。当初、へーゲルは、反省によっては「存在」や「生命」といった合一は捉えられないと考えていた。というのは、反省こそが近代の分裂を生み出すからであり、合一としての「生命」は、宗教によって「無限者と有限者との連関」として捉える他はないと考えていたからである。たしかに、宗教はかつて分裂を美的に克服するという機能を担っていた。ヘーゲルがさきに取り組んでいた宗教論においては、反省は「生命への憧憬」を喚起する分裂をもたらす契機としては重要であったが、反省それ自体によって分裂を克服するという解釈図式ではなかった。しかし、次第にヘーゲルは、むしろ近代哲学の方法である反省によって分裂を克服することを構想するようになった。「ある特定の宗教においては、人間はあらゆる分裂を超脱したが、〔……〕最高の美的完全性があくまでも活発でありえたのは、もっぱら教養形成のある一定の段階に至るまで」（ヘーゲル 2013: 36）であった。だが、「文化が進展するにつれて、文化はこの美的完全性と決別して」しまった、とヘーゲルは見ている。そこで、合一は宗教として「信じられる」のではなく、近代という時代に相応しいかたちで、つまり哲学によって認識すべきものと見なされるようになったのである。

ヘーゲルは、近代において分裂は必然的であり、「生命」として捉えていた総体性には、むしろこの分裂という段階が不可欠な契機であると考える。この点で、ヘーゲルは当時のロマン主義者たちとは決定的に異なっている。この総体性、つまり「絶対者」は「同一性と非同一性との同一性」と捉えられていたが、この同一性は、単なる同一性を意味するのではない。ヘーゲルの言う

「絶対者の同一性」とは、分裂を含み、その分裂を絶えず止揚するという運動として考えられており、ひとつの過程として理解されねばならない。ヘーゲルの基本的な考え方の根底には、このように対象を絶えざる運動として把握するという洞察がある。

だが、ヘーゲルの社会への関心という根本的な態度に大きな変化はない。イェーナ前期の「自然法論文」における「人倫の哲学」の課題は、「絶対的人倫」の理念を構想することであり、近代自然法を批判しながら、人倫の総体とそれを構成する諸個人の活動との関係を呈示することにあった。この「人倫の哲学」は、全体である民族を基底とし、その部分を成している個々人の実践的な活動（経済の領域）を「相対的人倫」として人倫の内に位置づける、という構成を基本とする。ヘーゲルは、経済的活動をそれだけで独立した領域とは見なさずに、政治的な活動と密に連関するものとして、民族の習俗に適切なものでなければならないという考え方をとる。こうした経済活動の把握には、スチュアートの経済学の影響があったことが指摘できる。だが、ヘーゲルが個人と民族との関係を考察する際に依拠しているのは、古代ギリシャの「ポリス」であり、アリストテレスの古典的な政治学の枠組みである。ヘーゲルは全体である民族を「肯定的なもの」、民族の部分である個々人を「否定的なもの」としたうえで、「肯定的なものはその本性からして、否定的なものよりも先である。言い換えると、アリストテレスが言うように、民族はその本性からして、諸個人よりも先である」（ヘーゲル 1995: 83）という構図によって人倫を説明する。

このような解釈は、人倫を体系的に構想した「人倫の体系」や、一八〇三／〇四年の「精神哲学」草稿などのイェーナ前期の思想に通底していると言える。だが、こうした古典的な構図の難点は、全体が優位であるがゆえに、近代的な主体の労働やその経済活動（「人倫の体系」では「欲求の体系」と呼ばれる）を「絶対的人倫」のうちに積極的に位置づけることができず、これらの活動が絶えず抑圧されるということに認められる。このことは、「自然法論文」の「人倫的なものにおける悲劇」として現われる。「相対的人倫」の考察で強調されるのは、それが全体である「絶対的人倫」から独立したり、全体を崩壊させたりするべきではないということである。それゆえ、「相対的人倫」は、絶えず全体のために犠牲になるという「悲劇」を演じなければならない。そして、この「悲劇」が演じられることによって共同体は維持される、と考えられているのである。このことをヘーゲルは、ギリシャ悲劇における「運命」との和解というモチーフに訴えることで説明しようとする。ヘーゲルは、近代的世界における経済活動の重要性を鋭く洞察し、それを人倫の構想に位置づけようと試みているものの、部分に対する全体の優位という古代的な図式を採用していることが原因で、まだ個人の主体的な活動を積極的な意味で捉えることができずにいる。

「精神」の哲学へ

一八〇五／〇六年の「精神哲学」草稿に至ると、ヘーゲルの思想に変化が現われ、イェーナ前期のような古典的な図式は採用されなくなる。この草稿では、共同体が「精神」の自己展開の過程として描き出される。その具体的な構成を見ておくと、ヘーゲルは「知性」と「意志」の概念から出発し、その展開から法権利・経済の領域である「現実的精神」を導出し、その上に「国家体制（Konstitution）」を置く。このうち、「現実的精神」で描かれる「承認」の運動に、ヘーゲルの立場の転換が顕著に認められる。つまり、以前は単に「否定的なもの」とされていた個別性の契機は、むしろ普遍的な境位である共同性の場面を生み出すという積極的な意義を新たに獲得するようになるのである。

「承認」は「自然状態」から「法的状態」への移行を果たす際の重要な運動と位置づけられる。このとき、「承認」はさしあたり、互いに他者を法的な「人格」として認めることを意味している。「自然状態」においては、個人は法的に、互いを権利の主体として認めていないため、物の「占有」をめぐった闘争が生じる。ヘーゲルは、「契約」という観念によって、人々が「自然状態」から「法的状態」へと移るとは考えていない。そうではなく、「承認」の運動が法的な「人格」を成り立たせるとし、それを抽象的な「意志」の概念から生じる実践的な発展の必然的な結果として呈示する。それによって、「人格」どうしの「承認」関係として法権利関係が打ち立てられる。こうして、ヘーゲルは「占有が法権利に転化する」さまを描き出す。この点をもう少し詳しく見ていこう。

契約がそれ自体すでに法的な概念であるのに対して、ヘーゲルは相互的な「承認」を、法権利主体である「人格」を実現するための行為だと捉える。つまり、彼は「承認」の概念によって、そもそも、契約といった法権利関係一般がどのように生成するのかを説明しているのである。人間は、「自然状態」を脱することで「はじめて、権利や義務を獲得する」。ヘーゲルは、法権利関係を生み出す「承認」が、社会契約論のような観念的な説明ではなく、他者との関係が生じる際の必然的な運動であることを強調する。法とは、「振舞う人格の他の人格に対する関係である〔……〕。私がこの関係を自分で捏造したり、持ちこんだりはしない。むしろ対象がそれ自身で法一般を、つまり承認する関係を生み出す。〔……〕人間は必然的に承認され、また必然的に承認するものなのである」(ヘーゲル 1999: 155)。このようにして「承認」の運動は「人間の自然状態を止揚する」ものとして、「法的状態」への架橋をなすものとして理解される。

「承認」によって法権利の関係が成立することで、「現実的精神」である人間と人間の間の社会的な交流の地平が開かれる。その具体的な関係は、物を加工する「労働」と生産した物の「交換」であり、これらが個別性と普遍性との媒介を果たしている。さらに、この関係を否定する「犯罪」とその犯罪を否定する「刑罰」、そして「権力を持つ法律」が導出される。「国家体制」は、以上のような、個別的な次元での活動が普遍的な境位を生み出す運動を経て成立するのであり、この過程を介してはじめて構築される。こうした体系的な構成が示しているのは、イェーナ前期までの国家論の理解からは決定的に転換したことであり、ヘーゲルが、理想化されていた古代ギリシャ的な枠組みを脱し、新たに、近代に相応しい共同体の理論を呈示していることである。つまり、調和的な古代の人倫には欠けていた「個別性の原理」が「古代の人たちやプラトンが知らなかった、近代のより高次な原理」（ヘーゲル 1999: 214）として、積極的な意義を担うような共同体論を呈示するに至っている。

『精神現象学』の「承認」の運動は、「精神」を実現する運動として捉え直されている。よく知られているように、「自己意識」章では「承認」の具体的な形態が「生死を賭けた闘争」、「主人と奴隷」の関係として描かれる。ここでは、「欲望」にもとづいた態度で他者と関係する自己意識が他者に依存していることが明らかにされ、奴隷を従わせる主人が、実際には、奴隷の労働に依存していることが示される。ただし、『精神現象学』では「労働」の運動が「承認」関係をもたらすのではなく、また、こうした相互依存の関係から平等な「承認」関係が導き出されるのでもない。この点が「精神哲学」草稿と大きく異なっている。

「自己意識」章に続く「理性」章では、ヘーゲルはギリシャ的な「人倫の国」を「承認」の概念から捉え直している。ただし、この共同体はいまだ無媒介な統一の理念であるにとどまっており、個別性と普遍性との動的な媒介の運動を見いだすことはできない。「理性」章から移行する「精神」章においても古代ギリシャの世界が論じられるのだが、「精神」章では、古代から出発した「精神」の歴史的な諸形態が、「精神」の諸形態の自己展開として描き出される。そのプロセスは、「良心」の「相互承認」によって個別性と普遍性との媒介関係が成立することで終結し、「承認」の運動が他者との共同性の場面を切り開くことで、「宗教」というより高次の段階へと進んでいくことになる。このようにイェーナ後期では、「承認」の運動がとりわけ重要な機能を担っており、近代的な共同性の理論を構想するための方法論となっている。

『法の哲学』における共同体論

ヘーゲルの実践哲学は、『エンチュクロペディー』の「客観的精神」や「精神哲学」の内容を敷衍した『法の哲学』でさらに展開される。『法の哲学』は、単なる法律や権利の理論（一般的な意味での法学）ではなく、「法の概念」を問題にし、それが様々な形態をとりながら展開する過程を叙述している。

この「法の概念」の展開は、一部「抽象的法」（「所有」「契約」「不法」）、二部「道徳性」（「企図と負い目」「意図と福祉」「善と良心」）、そして三部「人倫」（「家族」「市民社会」「国家」）という三つの区分に細分化される。これらの段階は、それぞれ「法の概念」がとる具体的な形態（定在）の展開であると同時に、「法の概念」自身の規定の展開をも表現している。「概念の発展における諸規定は、一方ではそれ自身諸概念であるが、他方では概念が本質的には理念として存在するがゆえに、諸規定は定在の形式において存在する」（三二節）。つまり、「法の概念」とその定在とが「法の理念」を構成しており、この理念こそが『法の哲学』の対象なのである。「哲学的法学が対象とするのは、法の理念であり、したがって法の概念と、その実現である」（一節）。ヘーゲルにとって「法の理念」は「自由」を意味する。そのため、「法の概念」がとる諸形態は、同時に「自由」の概念とその諸形態を描くことでもある。これを真に把握することが『法の哲学』の課題となる。注意したいのは、ここでの「法（Recht）」という概念は、ヘーゲル自身が「道徳性、人倫、世界史のことも意味する」（三三節）と述べているように、狭義の「法」のみならず、文脈にしたがって「正義」「権利」「公正」「法律」などの様々な含意を持っていることである。

『法の哲学』の独自性が最も明瞭に現れているのは、「市民社会」論である。ヘーゲルは、経済活動を含む「市民社会」を「国家」の領域と区別しているが、これはヘーゲル以前の思想には（例えば、カントやフィヒテにおいても）見られなかったのであり、かつては「社会（経済）」と

「国家」は同一のものとして考えられていた。それに加えて重要なのは、「市民社会」が一定の独立性を持つ領域として考えられていることである。たしかに、ヘーゲルは、「市民社会」の上には政治的な領域である「国家」が置かれ、経済の領域は「国家」によって制御される、という構成をとっている。しかし、このことはイェーナ前期のように「市民社会」がただ否定的なものとして抑圧されるということを意味していない。ヘーゲルに独自の洞察は、個人の欲求とそれを満足させるという領域が、ひとつの独自のシステムであることを看取していた点にある。

このシステムの内部では職業に応じた身分が編成されており、近代社会的な労働・交換関係を形成している。だが、個々人は自らの私的な欲求の満足を追求するため、「欲求の体系」は「放蕩や困窮の光景、並びに、これら両方に共通する物理的かつ人倫的な退廃の光景を呈する」（一八五節）に至る。これを統制するものが、「司法活動」とされる。したがって、「市民社会」の領域は経済活動に限定されるのではなく、法律の領域をも含んでいるのである。こうした司法についての理解は、一見すると奇妙な印象を受けるのだが、ヘーゲルが考えているのは、法は上部の「国家」から発せられることではじめて生じるのではなく、むしろ「市民社会」の活動そのもののうちで生まれるということである。

「市民社会」に独自の役割が認められることによって、ヘーゲルの「家族」や「国家」は、もはや以前のような古代の枠組みでは理解されていない。つまり、『法の哲学』における「家族」はアリストテレス的な家族ではなく、近代的な人格の共同性として呈示されている。そして「国家」もまた、個人と無媒介に結びつくようなものとしては考えられていない。こうした図式は、個人と「国家」との間に「市民社会」が独自の領域を維持していることによって可能となっているのである。とりわけ、「福祉行政（Polizei）」と「職業団体（Korporation）」が「国家」との架橋の役割を果たしている点を見逃してはならない。これらの組織が、いわば「市民社会」の自己制約として働くことによって、外部からの制御ではなく「市民社会」の領域内部で秩序が維持されるのである。

「職業団体」は、中世のギルドをモチーフにしている。それは「第二の家族」とも呼ばれ、一方で、個人が自らの生計を立てながら自分の誇りを持つような、人倫的な共同関係である。他方で、「職業団体」は、「家族」とともに「国家」の「第二の人倫的な根底」（二五五節）を成しているとされる。つまり、経済活動を担う「職業団体」は、倫理的な共同でもあり、政治的な共同でもあるという多様な役割を担っているのである。もちろん、こうした中間団体の自己抑制には限界があり、したがって、やはり「国家」がその最終的な調整の機能を担わざるをえない。とはいえ、ヘーゲルが『法の哲学』で呈示する国家像は、経済の領域をただ抑圧したり、解消したりしてしまうようなものではない。このような共同体の構想は、ヘーゲル特有の「市民社会」の領域横断的な特質によって可能になっていると考えられる。

本書では、ヘーゲルの思想の形成を初期の宗教論から追っていきながら、主に彼の共同体論の展開を見てきた。青年のヘーゲルが宗教の立場から理想の共同体を構想していたのに対して、イエーナに移ってからは、哲学の立場で自らの思想を展開するようになった。私たちは、ヘーゲルの思索が深まるとともに、当初の古典的な枠組みが克服され、近代という時代に即した共同体論が呈示されるようになったと考えることができる。この思索を方向づけていたのは、ヘーゲルが若き日に『差異論文』において掲げた、「最高の共同こそ最高の自由である」（ヘーゲル 2013: 137）という理想に他ならない。

注

（1）草稿や断片にこれらのタイトルをつけたのはヘーゲル自身ではなく、二〇世紀になって『ヘーゲル青年期神学論集』を編纂したノールである。

（2）ヘーゲルに先立って、ヤコービは次のように言っている。「愛が生命である。それは生命そのものである。〔……〕生きているものである神は、生きているものにおいてのみ自分を表現することができ、生きているものに自らを認識させることができる。それは、ただ呼び起こされた愛を通じてのみである」(Jacobi [1785] 1998: 171 ＝ 2018: 186)。

参考文献

ヘーゲル [1821]1967 藤野渉・赤澤正敏訳「法の哲学」『世界の名著 ヘーゲル』中央公論社（引用に際しては、節の番号を記す）

――1973 久野昭・水野建雄訳『ヘーゲル初期神学論集Ⅰ』以文社

――1977 久野昭・水野建雄訳『ヘーゲル初期神学論集Ⅱ』以文社

――[1802]1995 松富弘志・国分幸・高橋洋児訳『近代自然法批判』世界書院

――1999 加藤尚武監訳『イェーナ体系構想』法政大学出版局

――[1797]2006 寄川条路編訳「道徳性・愛・宗教」『初期ヘーゲル哲学の軌跡 断片・講義・書評』ナカニシヤ出版

――[1801]2013 村上恭一訳「フィヒテとシェリングの哲学体系の差異」『ヘーゲル初期哲学論集』平凡社ライブラリー

ヘンリッヒ 1987 中埜肇監訳『ヘーゲル哲学のコンテクスト』哲書房

F・H・ヤコービ 2018 田中光訳『スピノザの学説に関する書簡』知泉書院＝Jacobi, Friedrich Heinrich [1785] 1998, Über die Lehre des Spinoza in Briefen an den Herrn Moses Mendelssohn, in *Friedrich Heinrich Jacobi Werke*, Bd. 1,1 (hg.) Klaus Hammacher und Irmgard-Maria Piske, Hamburg: Felix Meiner Verlag.

久保陽一 2010『生と認識 超越論的観念論の展開』知泉書院

――2012『ドイツ観念論とは何か』ちくま学芸文庫

［久冨峻介］

マルクス――社会の根本を問い続けた熱き革命家

生涯と著作

カール・ハインリヒ・マルクス（これは父と同じ名である、以下マルクスと呼ぶ）は一八一八年、プロイセンのトリーアという場所で中産階級の家に生まれた。かつてユダヤ教の聖職者を輩出するほどのユダヤ人の家系であったが、マルクス一家は、彼が幼い時にユダヤ教からキリスト教に改宗している。

弁護士をしていた父親の期待によって、マルクスは法学を学ぶためにボン大学に進学する。だが、酒を飲み大騒ぎして警察に捕まったり、父親に叱られるほど浪費する「素行の悪い」学生であった。見かねた父親はベルリン大学に転学させる。そこでマルクスはヘーゲル哲学と出会う。ヘーゲル哲学に夢中になった彼の関心は法学から哲学へ移っていく。そしてヘーゲルを批判的に継承しようとするヘーゲル左派のグループに入り、頭角をあらわしていく。学位論文は「デモクリトスとエピクロスの自然哲学の差異」（一八四一年提出）という、古代ギリシア哲学をテーマとしたもので、これもヘーゲル左派の仲間からの影響を受けた内容であった。

学位取得後、彼は大学教授の職をもとめた。大学時代に出会い、婚約しているイェニーという女性もいた（のちに結婚し、生涯の伴侶となる）。だが、当時はヘーゲル左派に対する風当たりが厳しく、仲間たちが大学を追われる中、大学教授になる見通しはすぐに断たれた。以後彼はジャーナリストとして生計を立ててゆくこととなるが、それは貧困をともなういばらの道でもあった。

ジャーナリストとしての活動をはじめたマルクスは、ヘーゲル左派が取り組んでいた宗教批判というテーマと、現実社会の問題に関わった文章を書いている。よく知られるのが『ユダヤ人問題によせて』（一八四三年執筆）と『ヘーゲル法哲学批判序説』（一八四三〜四年執筆）である。

マルクスが社会変動と経済学を結びつけて語った最初の文章は、一八四四年に書かれた『経済学・哲学手稿』と呼ばれる一連のノートである。ここで展開された考えの一部は「疎外論」として知られ、彼ののちの思想にもつながる問題意識が見られる。

この頃マルクスは、生涯の親友となる青年実業家のフリードリヒ・エンゲルスと仲良くなっている。彼らは頻繁に手紙のやり取りをしており、議論する中でマルクスは独自の理論を練り上げていった。またエンゲルスは貧困の中にあったマルクスに、生涯にわたって大きな金銭的援助をした。ゆえに、マルクスの思想形成は、エンゲルスなしには不可能だったと言っても過言ではないだろう。またエンゲルスはマルクスの最も良き理解者でもあり、マルクスの思想を解説した著書も書いている（『空想から科学への社会主義の発展』などが知られる）ので、のちのマルクス主義者たちに大きな影響を与えている。

この翌年、一八四五年に、『フォイエルバッハにかんするテーゼ』と『ドイツ・イデオロギー』（エンゲルスとの共著）が書かれる。マルクス生前に公刊されなかったこれらの著作では、彼の思想の一つのターニング・ポイント、つまりヘーゲル左派的な観念論哲学から、実践的な唯物論への方針転換があったとされる。『フォイエルバッハにかんするテーゼ』の最後の文、「哲学者たちは世界をただ様々に解釈してきただけである。肝腎なのはそれを変えることである。」（全集 3: 5）(1)がそれをよく物語る。

当時はヨーロッパの労働運動が大きな盛り上がりを見せていた。マルクスが運動に身を投じていく中で、共産党の綱領としてエンゲルスと共同執筆したのが、「万国のプロレタリア団結せよ！」（全集 4: 508）の名言で知られる『共産党宣言』（一八四八年刊）である。マルクスとエンゲルスは三月革命に参加するが、革命自体は失敗に終わっている。

当時、共産主義は危険思想であり、マルクスのジャーナリストとしての活動はしばしば監視の対象となった。彼は妻子とともに居住地を転々とせざるをえず、最終的にはイギリスに亡命し、ロンドンで落ち着くことになる。一八六四年にイギリスで設立された国際労働者協会（第一次インターナショナル）において、彼は重要な役割を果たした。

ロンドンにおいて、経済学の古典の一つとされ、のちの政治経済思想に大きなインパクトを与える著書が執筆された。『資本論』（一八六七年刊）である。マルクスは極貧状態にありながら、大英博物館の図書館に毎日（逃げるように）通い、経済理論研究に没頭していた。この研究のプロジェクトは『資本論』に落ち着くまでに長い時間がかかっており、それまでに書かれた断片的な著作として『経済学批判要綱（グルントリッセ）』（一八五七〜八年に書かれた遺稿、マルクス死後に刊行）、『経済学批判』（一八五九年刊）が知られている。ちなみに現在刊行されている『資本論』のうち、マルクスが生きている間に出版されたのは第一巻のみである。残りの第二、三巻は、マルクスの死後、彼が残した草稿をエンゲルスが編集し出版している。

マルクスは、大著の構想をもちながら、それを書いているうちに彼自身の問題意識が変わってしまい、それをやめるということを繰り返している。そのため、草稿が大量に残されている。これらは、彼の解読困難な（非常に汚い）文字とあいまって、のちの学者たちを困らせてきた。

さて、『資本論』刊行後のマルクスは、アイルランド移民、ロシアやアジアの経済状況などにも関心を示すようになった。この時期の研究に関しては、ノートと手紙に残されているものがほとんどである。晩年の彼の考えを示している文章としては、『ゴータ綱領批判』（一八七五年）が知られる。

マルクスは喧嘩っ早い性格でよく他人と対立していたものの、家族には愛されていた。妻イェニーとの間に子どもを七人もうけたが、病気や貧困のために、成人するまで生き延びたのは三人の姉妹のみであった。晩年のマルクスは持病に苦しみ、妻と長女に先立たれる悲しみの中で、一八八三年に静かに息を引き取った。六四歳であった。

マルクスの理論の特徴

およそ社会や政治について学ぶもの（そうでなくても！）で、マルクスの名を聞かぬ者はないであろう。マルクスといえばなにを連想するだろうか。旧ソ連や中国に代表されるような共産主義だろうか、それとも経済学者としての側面だろうか。

実際にマルクス自身の文章を読んでみると、彼の思想が、経済学、政治学、社会学などの領域にとどまらない、広く深いものであることがわかる。

ここではまず、マルクスの理論がもっている特徴について紹介したい。まず、マルクスが社会を考える上で根本とするのは、人間そのものである。彼が若い時に書いた『ヘーゲル法哲学批判』から引こう。

ラディカルであるとは、ものごとを根本からつかむことである。ところで、人間にとっての根本は、人間そのものである。（全集 1: 422）

そして、人間が「食っていかなければいけない」存在であることが、彼の思想のスタート地点である。一見当たり前に思われるかもしれないが、それを当たり前にしたのがマルクスその人なのだ。エンゲルスと共著の『ドイツ・イデオロギー』では、それが以下のように表現されている。

われわれは、……人間たちは「歴史をつくる」ことができるためには生きることができなければならないという前提を確認することからはじめなければならない。しかし、生きるために必要なのは、とりわけ、飲食、食料、住居、そしてさらにその他のいくつかのものである。したがって、第一の歴史的行為は、これらの欲求を充足するための諸手段の産出、物質的生活そのものの生産であり、しかも、これは、人間たちを生かしておくだけのためにも、数千年前と同様に今日もなお日々刻々はたされなければならない歴史的行為、すべての歴史の根本条件である。（渋谷正編訳『草稿完全復元版　ドイツ・イデオロギー』: 52-4）

この発想は、マルクスの唯物論の特徴である。では、それまでの理論家が何をその根本においていたかというと、「精神」や「理念」である。この立場は観念論と呼ばれる。これらの違いは、「社会を変えるためにはどうすれば良いか」という問いに対してどう答えるかに関わってくる。個々人の生活の必要が社会を変えるのか、それとも、人々の考え方や精神が社会を変えるのか。マルクスは前者をとる。

そしてマルクスの思想は、ヘーゲルの影響を強く受けている。一般的に、マルクスはヘーゲル哲学の弁証法を「批判的に」継承したとされる。『資本論』のあとがきで、マルクスは以下のような言い方をしている。

弁証法はヘーゲルにあってはさか立ちしている。神秘的な外皮のなかに合理的な核心を発見するためには、それをひっくり返さなければならない。（『資本論』1：28）(2)

マルクスは、ヘーゲルの弁証法的観念論の、弁証法的な自然社会認識を受け継ぎ、観念論的な部分を退けたといわれている。これは、社会はつねに変動するが、誰かが設定した目的に向かって変化するわけではない、という歴史の捉え方である（目的論の排除(3)）。彼が弁証法を採用したのは、弁証法が、すべてのものに肯定的側面と否定的側面があり、つねに物事が変化するというものの見方だからである。同じ文章で、マルクスはこのように述べている。

その合理的な姿態では、弁証法は、ブルジョアジーやその空論的代弁者たちにとっては、忌まわしいものであり、恐ろしいものである。なぜなら、この弁証法は、現存するものの肯定的理解のうちに、同時にまた、その否定、その必然的没落の理解を含み、どの生成した形態をも運動の流れのなかで、したがってまたその経過的な側面からとらえ、なにものによっても威圧されることなく、その本質上批判的であり革命的であるからである。（『資本論』1:29）

現在の社会形態（資本主義）を維持しようとする者（さきの引用では「ブルジョアジーやその空論的代弁者たち」）に対し、それが長くは続かないものであることをしめす弁証法は、それだけで革命的であるとマルクスはいう。

マルクスは彼の理論の内容だけではなく、その研究の姿勢においても「弁証法的」であるといえるかもしれない。それは、過去の思想家や友人、そして過去の自分自身に対する仮借のない批判によって、自分の理論を生涯にわたって更新し続けてきたからである。なので、彼の思想はじつをいうと一枚岩ではない。知識の内容も、変動するものである。マルクスの文章は基本的に、誰かに対する批判という形をとっているので、彼が過去の思想家について何が問題であると考えていたか、何を克服し、新しい理論を作り出そうとしていたか、という視点で読んでいくと理解しやすい。

マルクスの思想のもう一つの特徴は、その射程の時空間的広さである。彼が歴史を語るときに前提とするのは、人類史全体である。弁証法的な変化の中にあるのはなにも社会構造だけではなく、自然環境や、人間自身（価値観、ライフスタイル、身体などのすべて）もその例外ではない。マルクスが展開する理論では、社会だけではなく、自然もその視野に入っている。それは彼の生きた一九世紀が、科学技術の進歩が著しい時代だったことと関係している。彼は自然科学の知見にも大きな関心を持っていた。一例をあげれば、マルクスは進化論で知られるチャールズ・ダーウィン（1809-1882）と生きた時期がほぼ重なっている。生物種の歴史的変動を語る進化論は、唯物論的で弁証法的な発想に対して親和性が高かった。[4] マルクスはダーウィンを高く評価し、[5]『資本論』を献本している。近年ではマルクス思想と自然思想、環境問題との関わりもホットな研究潮流となっている。

社会は変動するし、人間も、自然も一定ではない。マルクスは、現在の社会の分析からスタートし、その社会構造がいかにして成立してきたのかを考察することで、現在の状態はどう変わっていくのか、その必然性を考えようとしたのである。

疎外論

では、マルクスは現状の問題がどこにあると考えたのだろうか。まずはマルクスが若い時に書いた『経済学・哲学手稿』における「疎外論」を取り上げてみよう。ここでは労働者の直面する苦悩がいかなるものかが考察されている。

現在の資本主義社会で、働くふつうの労働者がなぜ苦しむのか。マルクスによれば、それは、資本主義における労働の本質である。

しかし社会の進んでいく状態においては、労働者の破滅と零落は彼の労働と彼の生産した富との産物である。困窮はそれゆえに、今日の労働そのものの本質から出てくるものである。

（全集 40: 396）

マルクスは、資本主義社会において労働者の感じる矛盾を「疎外」と表現した。疎外自体はマルクスのオリジナルの言葉ではなく、ヘーゲルやヘーゲル左派の仲間たちからの影響を受けたものだが、それを現実社会の問題の説明に使っているところに彼の特徴がある。

疎外の表すものはこうである。働けば働くほど、労働者は自分の人間らしさを奪われ、自分自身が「商品」となっていく。

労働者は富を生産すればするほど、彼の生産が力と広がりを増せば増すほど、それだけ貧しくなる。労働者は商品を作れば作るほど、それだけ安価な商品となる。物の世界の価値化に正比例して人間の世界の非価値化は進む。労働はただ商品を生産するだけではない。それはそれ自身と労働者を一つの商品として生産し、しかもそれは、労働が総じて商品を生産する、その割合に応じてそういうものとして生産するのである。（全集 40: 431）

だがその疎外を、当時の経済学はきちんと見ていなかったとマルクスは批判する。『経済学・哲学手稿』では、疎外の四つの形態が説明されている。その内容を見てみよう。

まず労働者は、①労働の対象、働きかける対象から疎外される。彼が加工し作り出したはずの物が、当人とは関係のないものになってしまう。

……労働は富者のためにはすばらしいものを生産するが、労働者のためには窮乏を生産する。それは宮殿楼閣を生産するが、労働者のためには穴蔵を生産する。それは美を生産するが、労働者のためには奇形を生産する。それは労働の代わりを機械にさせるが、しかし労働者たちの一部を野蛮な労働へ追い戻し、そしてその他の部分を機械にする。それは精神を生産するが、しかし労働者のためには低能、白痴を生産する。（全集 40: 433-4）

そして労働対象からの疎外は、②労働すること（生産）そのものからの疎外を意味している。労働は自分を肯定するものではなくなってしまう。「それゆえに労働者はやっと労働の外で自身の許に居るように感じ、そして労働のなかでは自身の外に居るように感じる。彼は労働していないときにアット・ホームであって、労働しているときにはアット・ホームではない」（全集 40: 434）。そこでは労働は自由意志によらない強制的なものであり、必要を満足するための手段でしかなくなる。

ところで、マルクスにおいて「労働」とは、人間が生きていくためにつくる、自然との関係全般を指す。自然資源を調理し食したり、道具に利用したりすることもすべて、労働である。人間は自然と関わらなければ生きていけない。それを彼は「自然は人間の非有機的な体である」（全集 40: 436）と表現する。この自然の利用は特段人間だけのものではなく、動物も行う。

では何が人間と動物を分けるかというと、その労働を「意識的に」行うかどうか、自分の生存のための必要から独立した状態で行うかどうか、である。これをマルクスは人類の「類」としての性格であるという。

動物はただ直接的な肉体的必要に押されて生産をするのにたいして、人間自身は肉体的必要から自由な状態で生産をするし、そしてその必要から自由な状態においてこそほんとうの意味で生産をする。動物はただそれ自身のみを生産するのにたいして、人間は全自然を再生産する。動物の産物は直接にそれの身体に所属するのにたいして、人間は自由に彼の産物に立ち向かう。動物はただそれの属する種の規格と必要に合わせて作るだけであるのにたいして、人間はどのような種の規格に合わせてでも生産をするすべを知っているし、どこででも内在的な規格を対象にあてがうすべを知っている。それゆえに人間はまた美の法則に合わせて作ることもするのである。（全集 40: 437）

ゆえに、本来であれば動物とは違う人間らしい生産ができるはずなのに、疎外された労働は、人間の生産を動物的なものにしてしまう。つまり人間を、その種としての特徴においても疎外する。これをマルクスは③類存在からの疎外と呼ぶ。

これらの帰結として、④人間の人間からの疎外、つまり他者との対立があるとマルクスはいう。「人間が彼の労働、彼の労働の産物および彼自身にたいしてあるあり方についていわれることは、人間の他の人間にたいするあり方についても、他の人間の労働と労働の対象にたいするあり方についても当てはまる」（全集 40: 434）。労働者である人間は、他者も人間としてではなく、労働者という尺度でしか見られなくなってしまう。

そして、私的所有がこの疎外された労働から生じるという。労働疎外においては、自分自身が働いているにもかかわらず、自分ではない誰かに労働の成果を奪われ、労働が生存手段以上のものにならず、自己実現とはならず、他者と人間らしい関係をつくれないような事態が起こっている。それでは誰が、労働を支配し、成果を奪っているのか。マルクスによればそれは、資本家である。

疎外論では、本来人間的であるはずの労働が、いかに非人間的になっているかが語られている。労働者個々人の感じる矛盾は、個々人に留まらず、人間の生きる世界全体を含み込んだ包括的な問題であることが示唆されている。だがここではまだ理論の内容自体は抽象的で、なぜ、どのような仕組みで疎外が起こるのかが明らかにされていない。その理論の完成は『資本論』を待つ必要がある。

剰余価値と資本主義の問題

『資本論』においては、資本主義におけるさまざまな問題の背景が、よりシステマティックに説明される。労働者が生み出す剰余価値をめぐって、資本家と労働者が対立するという図式が明確に出されている。その大まかな内容について説明したい。

まず、価値はいかにして発生するのかを考える必要がある。これには、大きく分けて、労働価値説と交換価値説の二つの立場がある。労働価値説は労働によりものの価値が発生するという立場であり、交換価値説は市場において、売り手がものを価値以上の値で売り、もうけを得ることで価値が発生するという立場である。マルクスは交換価値説を批判し、労働価値説をとる。剰余価値の形成は、「売り手たちが商品をその価値以上に売るということによっても、また、買い手たちが商品をその価値以下で買うということによっても、説明されえない」(『資本論』2: 275)。

そして、剰余価値、と呼ぶからには何かが「余り」として出るということなのだが、それは何だろうか。マルクスの立場に立った説明をすると、まず人間は生きていくために、自然資源を使い必要なものを作り出す(労働する)必要がある。(6) そして、生産の技術にたけてきたり、多くの人で協力してものを作るようになると、自分自身の生存に必要な分以上のものが大量に作れるようになる。言い方を変えると、生産力の向上によって、生産物のうち、自分自身の再生産に必要な分を取っても余りが出るようになる。これが剰余価値である。

歴代の権力者は、この剰余価値を取り上げてきた。封建制においては領主が、資本主義においては資本家がそれを行ってきた。封建制ではそれは農民からの年貢などの形をとるので、搾取されているのが見えやすいのだが、資本主義ではこの搾取が見えにくい。資本主義においては事情が複雑になる。

資本主義社会では、資本家と労働者が（少なくとも名目上は）対等な関係で雇用契約を結び、労働者が労働すると資本家が、たいていは時給という形で賃金を支払う。この関係自体には、一見特に問題はないように見える。だがマルクスに言わせれば、ここでは等価交換の形をとりながら、労働者が搾取されている。実際の賃金は労働そのものに対してではなく、労働者の「労働力」という商品に対して支払われているというのである。

どういうことだろうか。労働力とは労働する能力のことであり、価値を生み出すことのできる特殊な「商品」である（労働者が売り手、資本家が買い手となる）。資本家は、労働者が労働によって生み出した価値のすべてではなく、そのうち労働力の再生産の分だけ、つまり労働者の生活に必要な分（生活諸手段の分）だけを支払う。その剰余を利潤として資本家が得ている。

利潤増殖を至上の目的とする資本主義では、資本家はできるだけ多くの利潤を得ようとする。

もっとも手っ取り早い方法は、労働者にできるだけ長く働かせ、大量生産させることである。だが労働力を売る労働者はそれに反対する権利がある。資本家が労働力の買い手としての権利を要求し、一方労働者は売り手としての権利を要求することになるため、労働時間の問題は、資本家階級と労働者階級との間の闘争として現れる。(『資本論』2: 399)

だがそもそもどうして、労働者は自分の労働力を資本家に売らねばならない状態になるのだろうか。それは、自分の生活に必要なものが自前で生産できない(物質的にも、能力的にも)からである。マルクスはそれを、労働者が生産手段と切り離された、「自由な」状態であるといっている(これは良い意味も悪い意味も含んでいる)。そうなった最も大きな背景は「囲い込み」により農民たちから農地が暴力的に収奪されたことである。生産手段としての農地を奪われた農民は労働者にならざるを得なくなる。だが、マルクスの思想の面白いところは、それだけでは資本主義の形成には「不十分」であるというところにある。

一方の極には労働諸条件が資本として現われ、他方の極には自分の労働力以外に売るものがなにもない人間が現われるというだけでは十分ではない。このような人間が自発的に自分を売るように余儀なくされるだけでも、まだ十分ではない。資本主義的生産が進むにつれ、教育、伝統、慣習によって、この生産様式の諸要求を自明の自然法則として承認するような、

労働者階級が発展する。（『資本論』 4: 1263）

資本主義生産様式が、変え難い自然法則のように当然のものである、という考え方を皆が持ち、そのシステムに巻き込まれていくような状態に至ってはじめて、資本主義はできあがる。そのなかでは労働者は平準化し、一定時間で一定の労働をするという前提が共有されるようになるため、時間という尺度で労働生産量を測ることができるようになる。

『資本論』では資本家があの手この手を使って搾取する剰余価値を増やそうとする様子が描かれている。高度に分業化し、機械制大工業により短時間の大量生産を可能にすることによって剰余価値そのものを増やそうとする。資源や市場を求めて、植民地の開発も進めていく。

また、労働力の、商品としての価値を下げるということも行われる。これは労働力がありすぎて余る状態、つまり無職者や失業者が一定数存在する状態にしておくということである。マルクスはこのような失業者を「産業予備軍」と呼び、資本主義が発達するほど増えていくとした。それまで労働者ではなかった人々が労働市場に入ってくるようになる。例えば農村からの出稼ぎ移民や、女性や子どももそのような存在であった。

さて、資本主義という生産様式は、それ自体があまりに大きな問題を抱えている。

資本家の利潤追求は、労働力を限界まで使い、労働者を貧困に突き落としている。『資本論』では当時の労働者の置かれた状況が事細かに描かれている。当時、特にロンドンにおける労働者の貧困は深刻な状態であった。栄養失調、過労死、劣悪な居住環境、道徳的退廃の実例が、大人だけでなく子どもの問題としても出てくる。

また大量生産を行うようになった資本は、際限なく開発を行い、資源を浪費し、自然環境問題も起こしている。(7)

このような状態は、どのようにしたら変わるのだろうか。

資本主義はいかに変わるか

以上のような問題をマルクスは、資本家個々人の倫理の問題であるとは言わない。なぜなら彼は、資本主義という生産様式を、人間の意志とは独立に機能しているシステムと捉えるからである。

そしてここで諸人格が問題となるのは、ただ彼らが経済的諸カテゴリーの人格化であり、特定の階級諸関係や利害の担い手である限りにおいてである。経済的社会構成体の発展を一つの自然史過程ととらえる私の立場は、他のどの立場にもまして、個々人に諸関係の責任を負わせる事はできない。個人は主観的には諸関係をどんなに超越しようとも、社会的には依然として諸関係の被造物なのである。（『資本論』1: 12）

つまり資本家はいかに個人的に「いい人」であろうとしても、激しい競争に勝つために利潤の増殖を至上の目的とし、資本の権化として振る舞わざるを得ない。資本主義の起こす不幸は、本質的には、意識の問題ではない。そうせざるを得ない構造があることが問題なのである。それに関わって、『経済学批判』の序文においてはこのように語られている。

人間は、彼らの生活の社会的生産において、一定の、必然的な、彼らの意志から独立した諸関係に、すなわち、彼らの物質的生産諸力の一定の発展段階に対応する生産諸関係にはいる。これらの生産諸関係の総体は、社会の経済的構造を形成する。これが実在的土台であり、その上に一つの法律的および政治的上部構造がそびえ立ち、そしてそれに一定の社会的諸意識形態が対応する。物質的生活の生産様式が、社会的、政治的および精神的生活過程一般を制約する。人間の意識が彼らの存在を規定するのではなく、彼らの社会的存在が彼らの意識を規定するのである。（全集 13: 6）

この見方は一般的に、土台・上部構造論と呼ばれる。社会においては経済構造を土台として、その上に、政治的な構造や人間の意識の形成がなされる。これが意味するのは、いくら政治や人間の意識が変わっても、土台となる経済構造が変わらなければ、社会は変わらないということである。

では社会はどのように変わるのか。先ほどの引用につづいて、このように述べられている。

社会の物質的生産諸力は、その発展のある段階で、それらがそれまでその内部で運動してきた既存の生産諸関係と、あるいはそれの法律的表現にすぎないものである所有諸関係と矛盾するようになる。これらの諸関係は、生産諸力の発展諸形態からその桎梏に一変する。そのときに社会革命の時期が始まる。経済的基礎の変化とともに、巨大な上部構造全体が、あるいは徐々に、あるいは急激にくつがえる。（全集 13: 6-7）

つまり、ある社会構造において生産力が発展してくると、社会のさまざまな部分で矛盾が出てくる。生産力の発展の基礎だったはずの社会構造が、その生産力にとっての足かせになる。それが社会変革のきっかけになるという。

同様の見方は『資本論』でも受け継がれている。つまり資本主義が行ってきたことが、資本主義を壊すものになる。マルクスは、構造の変化自体が自然法則のように作用していると考える。

生産手段の集中と労働の社会化とは、それらの資本主義的な外被とは調和しえなくなる一点に到達する。この外被は粉砕される。資本主義的私的所有の弔鐘が鳴る。収奪者が収奪される。（『資本論』4: 1306）

生産の発展がこのまま突き進めば現在の社会構造が自壊するというのだが、人間にそれを防ぐことはできるのだろうか。それとも、人間にはどうしようもないのだろうか。どうしようもない、とマルクスは『資本論』の序文においていう。

たとえある社会が、その社会の運動の自然法則への手がかりをつかんだとしても——そして近代社会の経済的運動法則を暴露することがこの著作の最終目的である——その社会は、自然的な発展諸段階を跳び越えることも、それらを法令で取りのぞくことも、できない。しかし、その社会は、生みの苦しみを短くし、やわらげることはできる。（『資本論』1: 12）

だが、社会の現状の背後にある、変えようのない法則を明らかにすることで、見通しをもって対処をすることが可能になるということもできる。

マルクスが行ったことは、社会の状況改善のための処方箋を出すことではない。つまり、短期的に「役立つ」知を求めたわけではない。だが、社会を正確に描き、根底にある仕組みを見極めることが、大局的に見れば、本当の意味で社会のためになるという認識を持っていた。

そして、マルクスがこの社会の発展の「運動法則」を問うことができるようになったのは、経済構造がそのような段階に至ったからであるともいえる。『経済学批判』ではこのようにも述べられている。

一つの社会構成は、それが生産諸力にとって十分の余地をもち、この生産諸力がすべて発展しきるまでは、けっして没落するものではなく、新しい、さらに高度の生産諸関係は、その物質的存在条件が古い社会自体の胎内で孵化されてしまうまでは、けっして古いものにとって代わることはない。それだから、人間はつねに、自分が解決しうる課題だけを自分に提起する。なぜならば、もっと詳しく考察してみると、課題そのものは、その解決の物質的諸条件がすでに存在しているか、またはすくなくとも生まれつつある場合にだけ発生することが、つねに見られるであろうからだ。(全集 13: 7)

マルクスは、この理論を語る自分自身も、その社会構造内部の存在であると意識している。自分が資本主義の問題を問いえたことそのものが、それを解決できることを示していると彼は考えたであろう。そして、社会の本質を認識することこそ、問題解決の一歩であると主張している。このようなマルクスの認識は、社会問題の啓蒙にとどまらない深いものであり、また葛藤を呼ぶものでもある。

おわりに

一九世紀当時のマルクスは、社会構造の変革の時が近いと思っていた（エンゲルスも、最期までそう思っていた）。だが、二一世紀に入った今日においても、根本的な社会の仕組みは変わっておらず、『資本論』で指摘された問題もなくなったとはいえない。逆に悪化している問題さえある。マルクスは約二〇〇年前に生まれ、約一五〇年前に代表作を上梓した、日本でいえば江戸時代から明治時代にかけての時期を生きた思想家である。さまざまな論者から批判されながら、マルクスが現在も読まれ続けている大きな理由は、彼の資本主義社会構造の分析や学説が、現代社会においても当てはまると考える者が多くいるからである。一九九〇年前後のソ連崩壊、冷戦終結によって、マルクス主義への評価は下がった。だがマルクス自身の理論がまだ妥当性を保持しているとすれば、それは人類にとっても、またマルクス本人にとっても、不幸なことであるといえるだろう。なぜならマルクス自身が、自分の理論では説明できないような社会――資本主義のその先――が来ることを望んでいたはずだからだ。

注

（1）大月書店版『マルクス＝エンゲルス全集』からの引用は、（全集（巻数）：頁数）で示す。
（2）新日本出版社版『資本論』（新書版）からの引用は、（『資本論』分冊数：頁数）と表記する。
（3）意外に思われるかもしれないが、マルクス本人は、資本主義から共産主義への社会構造の変化を、個々人の意志によるものとは考えていない。だがそうすると、個々人の主体性をいかに考えたらよいか、という問題が残る。この点についてはマルクス主義者のあいだでも意見が分かれるところである。
（4）このことについてはエンゲルスが『自然の弁証法』において詳しく追究している。エンゲルスは自然科学への造詣が深かった。マルクスは興味こそ持っていたもののエンゲルスほど得意ではなかったようである。ダーウィンに注目したのもマルクスよりエンゲルスの方が早かった。（全集 29: 409）
（5）マルクスはダーウィンを「歴史的な階級闘争の、自然科学的基礎」と高く評価し、「ここではじめて、自然科学のなかの『目的論』が、致命的な打撃をうけただけでなく、その合理的な意義も経験的に分析されたのだ」と手紙で語っている。（全集 30: 467）
（6）この認識は、先に出てきた『経済学・哲学手稿』における考え方と共通している部分があることに気づかれるだろう。『資本論』では労働が「人間が自然とのその物質代謝を彼自身の行為によって媒介し、規制し、管理する一過程」(『資本論』304)であると定義されている。「物質代謝」という言葉については注(7)を参照。

(7)例えばマルクスは大工業がもたらす農業への悪影響を、人間と土地のあいだの「物質代謝」の撹乱と表現している。代謝というと現在では生物の体内での物質のやり取りをさすが、マルクスは物質代謝という言葉を、自然界における物質循環、自然と人間との関係、人間同士の関係をさす言葉として広い意味で使っている。『資本論』におけるマルクスの考え方を知るひとつのキーワードであるといえるだろう。『資本論』三巻では、共産主義社会の展望として、物質代謝の適切な制御が語られている。

この領域における自由は、ただ、社会化された人間、結合された生産者たちが、自分たちと自然との物質代謝によって――盲目的な支配力としてのそれによって――支配されるのではなく、この自然との物質代謝を合理的に規制し、自分たちの共同の管理のもとにおくこと、すなわち、最小の力の支出で、みずからの人間性にもっともふさわしい、もっとも適合した諸条件のもとでこの物質代謝を行なうこと、この点にだけありうる。しかしそれでも、これはまだ依然として必然性の王国である。この王国の彼岸において、それ自体が目的であるとされる人間の力の発達が、真の自由の王国が――といっても、それはただ、自己の基礎としての右の必然性の王国の上にのみ開花しうるのであるが――始まる。労働日の短縮が根本条件である。(『資本論』13:1435)

文献

Institut für Marxismus-Leninismus beim ZK der SED, *Karl Marx - Friedrich Engels: Werke*, Berlin: Dietz Verlag（＝大内兵衛・細川嘉六監訳『マルクス＝エンゲルス全集』大月書店）
渋谷正編訳『草稿完全復元版　ドイツ・イデオロギー』新日本出版社、一九九八年。
カール・マルクス／資本論翻訳委員会訳『資本論』新日本出版社、一九八二年。

［加戸友佳子］

カッシーラー——精神の自由な能動性

生涯と著作——卓越した記憶力

カッシーラーは高等学校の教科書にこそ登場するが、おそらく、日本語環境でよく知られている哲学者であるとは言いがたい。したがって、少々詳しく紹介しておくべきであろう。そうはいっても、イメージをもちにくい哲学者の研究にかかわる紹介をいきなりされても戸惑う読者もあろうかと思うので、カッシーラーのひととなりがわかるエピソードを紹介することから始めよう。哲学者も人間である。

カッシーラーは大変記憶力に優れていたと言われている。その記憶力の強さゆえに、後世に若干の混乱を残すことになるのだが、ここではその話題は割愛しよう(1)。カッシーラーのパートナーであったトーニ・カッシーラーが紹介しているエピソード（カッシーラー、トーニ 2001: 88-9）を、私の再構成を交えて紹介したい。以下では、トーニはトーニ・カッシーラーを、エルンスト、あるいはただカッシーラーと表記する場合は、エルンスト・カッシーラーを示すこととする。

当時エルンストは五六歳だったが、記憶力は衰えるところを知らなかったらしい。ある日、部屋でトーニがエルンストの隣に座って、ラジオをイヤホンで聴いていた。その番組ではなにかの劇を放送していたのだが、なんの文脈もなかったので、その劇がなんの劇だかわかる人なんていないだろうとトーニは考えた。そこでトーニは、エルンストをかついでみようと片方のイヤホンをエルンストの耳に当て、この番組がなんの劇を放送しているか尋ねてみた。すると、たった一文を聞いただけでエルンストは、その劇の題名を当ててみせた。

トーニは、このようによくカッシーラーの記憶力をためすべくたびたびカッシーラーをかついでみたようだが、いつもこのような感じで徒労に終わったようである。夫婦の仲のよさも感じさせるエピソードだが、このカッシーラーの記憶力は、その博覧強記ぶりをもって、研究に大いに活かされることになる。

ここでまずざっとカッシーラーを説明すると以下のようになろう。エルンスト・カッシーラー(Ernst Cassirer,1874-1945)は、新カント派(特にマーブルク学派)の代表的な哲学者である。(2) 主著は『シンボル形式の哲学』で、カッシーラーの研究領域の射程の広さや二〇世紀思想研究界隈の言語に関する関心の高さも相まって、新カント派凋落後もその思想は生き続けているといってよい。そのカッシーラーの人生は、波瀾万丈である。ユダヤ人であったカッシーラーは、二〇世紀前半の混乱をその身をもって経験する。以下にカッシーラーの人生を、彼の業績に触れながら振り返ってみるが、ときどきトーニ・カッシーラーにコメントをはさんでもらいながら著述してみたい。

カッシーラーは、一八七四年に現ポーランドのブラスワウの裕福なユダヤ系ドイツ人の商家に生まれる。その後、マーブルク大学において、ヘルマン・コーエンのもとで哲学を学び、デカルト研究で学位を取得している。このように、マーブルク学派の一員として研究者のキャリアをスタートしていくわけだが、コーエンとカッシーラーとの師弟関係は、特別だったようで、トーニも以下のように述べている。「私としてはエルンストが『影響』下にあったという印象を受けたのは、実際には唯一の場合――コーヘンの場合――だけであった」（カッシーラー、トーニ 2001: 55）、と[3]。

カッシーラーはそもそも認識にかかわる研究をしていた。その中心的著作である『認識問題』は、一九〇六年、一九〇七年、一九二〇年、そして没後であるが一九五〇年と断続的に巻を重ねている。『シンボル形式の哲学』に取り組む以前の主要な業績と言えるであろう。その間に科学的認識にかかわる著作である『実体概念と関数概念』（一九一〇年）を著しているが、この著作に関しては後に詳述するので、ここでは割愛しよう。そして、『認識問題』に取り組んでいたのと同時期に、カント全集の編集を行い、このカッシーラーがたずさわったカント全集はカッシーラー版と呼ばれ、現在でも読み継がれている。カッシーラー版の最終巻であるカッシーラーによるカントの概説は、『カントの生涯と学説』（一九一八年）として現在も読み継がれている。

カッシーラーは一九一九年にハンブルク大学哲学正教授に就任する。第一次世界大戦を経て、ドイツ民族意識が高揚していく中で、カッシーラーの研究関心は、認識にかかわる研究から人間精神全体の研究に移っていく。そのような中で、主著『シンボル形式の哲学』が第一巻「言語」が一九二三年に、第二巻「神話的思考」が一九二五年に、第三巻「認識の現象学」が一九二九年にと、続々と著されることとなる。

一方で、一九二一年に『アインシュタインの相対性理論』[4]、一九三七年に『現代物理学における決定論と非決定論』を著すなど、相対性理論、量子論にも強い関心を抱いており、ユクスキュルの環世界論も研究に活かしている。二〇世紀初頭のこういったニュートン・パラダイムを相対化する物理学、生物学の研究もカッシーラーがシンボルにかかわる研究に着手した理由である。

しかし、時代の流れの中で、カッシーラーの人生も翻弄されることとなる。『シンボル形式の哲学』第三巻「認識の現象学」が刊行されたその年に、カント解釈をめぐってのハイデガーとののちに「ダヴォス討論」と呼ばれる討論（一九二九年）が行われた[5]。トーニは「私達がダヴォスに出発する前にエルンストは、それまで本当に信用していなかったハイデガーの著作を丹念に読んだ」（カッシーラー、トーニ 2001: 90）と述べ、カッシーラーが周到に討論の用意をしていたことが伺える。ダヴォス討論を経て一九三〇年にハンブルク大学総長に選出される。しかしながら、一九三三年にヒトラーが権力を掌握すると、ワイマール文化のひとつの象徴でもあり、ユダヤ人でもあったカッシーラーはイギリスに亡命する。そして、スウェーデンを経由して、一九四一年に終の住処となってしまうアメリカに渡る。

アメリカで書かれ、生前に出版された唯一の英語で書かれた文献が『人間』（一九四四年）である。シンボル的動物（animal symbolicum）という有名な人間の定義でもよく知られており、『シンボル形式の哲学』とそれ以降の研究を踏まえて「私の思想をできるだけ簡明に表現しようと試みた」（カッシーラー 1997: 10）とカッシーラー自身が述べている著作である。

科学的認識にかかわる研究

このようにカッシーラーの業績を見ていく中で、私たちはあるひとつの流れに気付く。『実体概念と関数概念』『アインシュタインの相対性理論』『現代物理学における決定論と非決定論』という一連の著作である。これらの著作の共通点は、主題が科学的認識であるということである。そして、ここで取り上げたいこともカッシーラーの科学的認識にかかわる研究にある。この三つの著作を通して見ていく中で、カッシーラーの科学的認識について理解できるのではないかという見通しをもって取り組んでいくこととしよう。

『実体概念と関数概念』は、のちのカッシーラーの説明によると「数学と自然科学の概念形成の問題を扱っていた」（カッシーラー 2019: 1）としている。そして「当時、古典物理学の体系はいまだ確かなものと認められていた。相対論も量子論も揺籃期に入ったばかりであり、これらの端緒を純粋に認識論的な分析の糸口を採るのはかなりの冒険であっただろう。そういう気持ちがあったので私は、相対論や量子論を論ずることを差し控え、私の認識批判上の基本テーゼを相対論や量子論とは無関係に展開し基礎づけようとしたのである」（カッシーラー 2019: 1）とし、したがって、『実体概念と関数概念』では、相対論と量子論の手前の理論である一九世紀の科学を吟味したと言える。そして、次に書かれたのが『アインシュタインの相対性理論』である。この『アインシュタインの相対性理論』は、「とはいえその研究もまた、現代物理学がこの時代に特殊相対性理論と一般相対性理論を通して被った変形や更新にたいしてしかかかわらなかった。量子論という、プランクのかつての言葉を借りるならば、強力な『爆薬』は、この研究においてはまだ考慮されていなかった」（カッシーラー 2019: 2）とされ、いわゆる相対論のみをその議論の俎上にのせている。そして、量子論の影響が物理学のなかでますます大きくなるにつれて、「その歴史的な起源と体系のよってたつ基礎を探究することがいよいよのっぴきならない急務になってきている」（カッシーラ 2019: 2）という要請の中で書かれたのが『現代物理学における決定論と非決定論』である。

ただ、『実体概念と関数概念』と『アインシュタインの相対性理論』の間には、カッシーラーが論ずるところによると相対論を俎上にのせるか否かの隔たりがあるのだが、本章ではまた違った隔たりを強調したい。その隔たりとは、シンボル概念の導入である。カッシーラーにおいて『アインシュタインの相対性理論』以降、シンボル概念が頻出するようになる。『アインシュタインの相対性理論』ののちに、『シンボル形式の哲学』が書かれていることも確認しておきたい。これらのことからわかるように、カッシーラーにおいて、シンボル概念が科学的認識批判の文脈から育まれていった可能性も考えられる。ここでは、『シンボル形式の哲学』と『人間』を見ていくことをとおしてカッシーラーのシンボル形式にかかわる思想の概観を得ることとし、その後『アインシュタインの相対性理論』、『現代物理学における決定論と非決定論』の著作を、質料と形式という概念に着目しながら簡単に見ていくこととする。

『シンボル形式の哲学』と『人間』

ここでカッシーラーの核となる思想を見ていくために、『人間』『シンボル形式の哲学』と見ていくこととしよう。先に述べたように、アメリカに渡ったカッシーラーが晩年、結果として生前公刊された唯一の英語による著作である『人間』は、カッシーラーが「私の思想をできるだけ簡明に表現しようと試みた」（カッシーラー 1997: 10）と述べている。この著作の中心的課題は、文化の哲学である。全体は二部構成となっており、第1部は「人間とはなにか」、第2部は「人間と文化」と表されており、第1部が総論、第2部が各論といったところだろうか。第2部第11章は、「科学」である。この「科学」章を中心に必要に応じて他の章も参照しながら見ていこう。

この「科学」章についてカッシーラーは注で以下のように述べている。「この章はもちろん、科学の哲学または認識の現象学の輪郭を述べようとするものではない。私は、後者の問題は、『シンボル形式の哲学』第三巻で論じた。前者は、『実体概念と関数概念』および『アインシュタインの相対性原理』(一九一〇年)および『現代物理学における決定論と非決定論』で論述した。ここでは、ただ簡略に、科学の一般的機能を指摘し、シンボル形式の体系中における、その位置を決定しようと試みただけである」(カッシーラー 1997: 464)。後者の問題はのちほど見ていくとして、前者については、おおよそ先の私たちの見通しはカッシーラーのお墨付きをいただいたわけである。そして、本書において、先にも紹介した人間の新しい理解が示されることとなる。「理性という言葉は、人間の文化生活の豊富にして多様な形式を了解せしめるには、はなはだ不完全な言葉である。しかし、あらゆるこれらの形式はシンボル形式である。だから、人間をanimal rationale(理性的動物)と定義する代りに、animal symbolicum(シンボルの動物——シンボル的動物)と定義したい。このように定義することによって、我々は人間の特殊の差異を指示できるのであり、人間の前途にひらかれている新たな道——文明への道——を理解しうるであろう」(カッシーラー 1997: 66-7)。このように、理性的動物として人間を定義する代わりに、シンボル的動物として、人間を定義し直すのである。また、この理性からシンボルへという流れは、『シンボル形式の哲学』から引き継がれている、いわばカッシーラーの核となる思想と言ってもいいだろう。

カッシーラーは、『シンボル形式の哲学』第一巻「言語」の序論において、『シンボル形式の哲学』における問題提起をしている。カッシーラーは、「精神の真の根本機能はすべて、単に模写するだけではなく、根源的に像を形成する力を内蔵するという決定的な特徴を、認識と共有している」（カッシーラー 1989: 28）と述べており、カッシーラーにおいてシンボル（形式）はここでいう像を形成する能力、すなわち像の産出能力をさしている。そして何より、カッシーラーが「理性の批判は文化の批判となる」（カッシーラー 1989: 31）と端的に述べているように、『シンボル形式の哲学』は、文化批判の書として書かれている。そして、カッシーラーはこう続ける。「この批判が理解し、立証しようとするのは、文化の内容というものはすべて、それが単なる個別的内容というものはすべて、それが単なる個別的内容以上のものであり、ある普遍的な形式原理に基礎をおいているかぎり、精神のある根源的な活動を前提にしている、ということである」（カッシーラー 1989: 31-2）。このようにシンボルがもつ根源的な能力は文化の前提となっているとしている。すなわち、カッシーラーにおいてシンボルは文化と結びつけて論じられる。したがって、理性の批判から文化の批判へと批判の対象を措定し直すなかで、シンボルが検討の対象になっていくのである。

それに続いて、『シンボル形式の哲学』第三巻「認識の現象学」における議論を見ていこう。(6)「すべての経験的なものは、それがすでに数学的概念形成という媒体をくぐりぬけてきていないかぎり、つまり空間および時間の純粋直観、ならびに数の概念や外延量ないし内包量の概念によって規定されていないかぎり、認識の形式には数え入れられず、形式に対する単なる素材、単なる〈質料〉であるにとどまる。」(カッシーラー 1994: 27-8) ここで、質料 (Materie) と形式 (Form) について若干の説明をしておこう。私たちが対象を眺めるときに、理論的に考察するにあたっては、その対象は質料と形式にわけて考えることができる。この質料は、素材ともよばれる。私たちが対象を知覚するとき、対象をそのまま質料として知覚しているのではなく、形式によって構成した対象を知覚しているとカントは論じた。そのカントの認識論をカッシーラーも引き継いでいる。したがって、先の引用において、カッシーラーは、形式によって構成しない限り、その対象はあくまで単なる質料であると述べているのである。しかし、カッシーラーは「『単なる』素材と『純粋な』形式との二元論的対立に立脚していたその出発点そのものを、またもや問題にせざるをえなくなった」(カッシーラー 1994: 29) とし、単純に質料と形式という二元論を改めて考える必要があるとするのである。「理論的・科学的認識においても、『素材』と『形式』とはたがいに独立に存在していて、後から外的に結合されるにすぎない分離可能な構成要素だということはうまく証示されえなかったが、言語と神話という基層に立ちもどってもやはり、そうした分離にゆきつくことはできないのである。われわれがまず見いだすのは『裸の』感覚、つまりmateria nuda［裸の質料］としての感覚であり、次いでそこになんらかの形式付与の働きが付けくわわってくるといったふうにはけっしてならないのであって、――むしろ、われわれに捉えることができ近づくことのできるのは、つねに特定の様式の形成作用によってどこまでも支配され、それによって隈なく貫かれ、具体的な明確さをそなえ、生きいきとした多型性を備えているある知覚世界にほかならないのだ。」（カッシーラー 1994: 42）このように、裸の質料、すなわち何らの形式によっても形成されていない質料があって、それに対して形式が付与されるという認識ではなく、むしろ私たちが質料と呼んできたものも常になんらかの形式によって支配されているのではないかとしている。そういった形式こそがシンボル形式なのである。そしてさらに、「シンボル形式の哲学は、その視線をもっぱら、そしてまず第一に、純粋に科学的で精密な世界把握へ向けるのではなく、世界理解のあらゆる方向へ向けるのである。（中略）そして、その際いたるところで、世界を〈理解する〉ということはけっして現実のある所与の構造を単に受け容れ復唱することではなく、そこには精神のある自由な能動性がひそんでいるものだということが明らかになる」（カッシーラー 1994: 39）と述べているように、シンボル形式は、ただ科学的な世界把握に向けられているわけではなく、あらゆる世界把握、世界理解に向けられている。シンボル形式にもとづく世界把握、世界理解は、精神の自由な能動性が潜んでいるという。

質料と形式の二元論をこえて

カッシーラーは、シンボル形式にもとづく認識は科学的認識だけではなく、あらゆる認識に向けられているとした。その中で、カッシーラーは、質料と形式の単純な二元論を批判するなかで、カントの認識論の見直しを迫られることになる。その結果として、生まれたのがシンボル形式の哲学であると言える。その場合、カッシーラーは、カントの認識論を否定したのだろうか。

『アインシュタインの相対性理論』において、「科学――とりわけ数学と精密自然科学――が認識形式にとって欠くことのできない〈質料〉を提供するに違いないということは、カント以降は、ほとんど異論の出ないところとなっている――しかしここ〔相対性理論〕では、この質料が既にそれ自身である種の認識論上の解釈と取り扱いをともなった〈形式〉で提供されているのである」（カッシーラー 1981: 15）と述べられている。ここでも『シンボル形式の哲学』第三巻に先立って、質料と形式の二元論に疑義が呈され、なんらかの形成過程をともなった質料として理解されている。また、「この意味で、物理学者にとっての現実性は、直接的な知覚の現実性とは対照的に、幾重にも媒介されたものとしてある。つまり存在する事物や性質の集合としてではなくて、抽象的な思考シンボルの集合としてあり、その集合が諸現象のあるきまった量的関係と軽量関係、諸現象の関数的な対応と依存性を表現するのに役立つのである。」（カッシーラー 1981: 19-20）このように、科学的認識において、後に本格的に展開されるようなシンボル形式によって幾重にも形成された質料が捉えられていると言えよう。(7)

このシンボル形式によって幾重にも形成された質料という考えは、科学的認識にかかわる研究のなかで生まれたことは強調しておいてよいだろう。「古典力学にとっては、相異なる〔座標〕系での測定で得られる〔ある対象の〕空間的大きさと時間の値が同じであるという仮説が、確固としたゆるぎない点であった。この同一性は、対象概念一般の疑問の余地のない確かな基礎として受けとられていた。つまり、それこそが、まずもって『自然』対象を幾何学的・力学的対象として本来的に構成し、それを可変的で相対的な感覚与件と区別するものと考えられてきた。」（カッシーラー 1981: 47-8）しばしば「絶対時間・絶対空間」というように、古典力学においては時間と空間は、いつでもどこでも同じ大きさ、値であることが前提とされてきた。しかしながら、「自然現象の客観的で一義的な表現を得るためには、一定の基準系内での測定によって得られた時間・空間〔座標の〕値をそれだけで普遍的に通用するものと無造作に見積もることは許されなくて、この測定値を科学的に査定する際には、測定がなされた系の運動状態を考慮に入れなくてはならないということを相対性理論は説いている。（中略）自然科学が可能であるためには、このような関係と量が存在するばかりでなく、存在しなければならないということこそ、他ならない相対性理論が公準〔要請〕として設定した思想である。」（カッシーラー 1981: 57）相対性理論の登場により、時間・空間の値が普遍的にそのまま通用すると考えることができなくなったのである。このことから、たんに裸の質料があるのではなく、シンボル形式によって幾重にも形成された質料が捉えられていると言えよう。

カッシーラーは、『アインシュタインの相対性理論』の結びの章で以下のように述べている。「世界像をこの一面性から解放することは――認識論の課題をはるかに越える――体系的哲学の課題である。その課題とは、それを適用することによって系統的に分節化された現実性の概念が与えられ――それによって主観と客観とが、自我と世界と分離され、あるきまった形態で相互に対置させられる――シンボル形式の〈全体〉を把握し、その全体性の中に各個別を、そのきまった位置に割り振ることである。いまこの課題がすでに解かれたものと考えると、そこではじめて、理論的、倫理的、審美的、宗教的世界了解の一般形式はもとより、その特殊な概念形式と認識形式のおのおの権利が保障され、その境界が設定されるであろう。」（カッシーラー 1981: 167）この時点で、シンボル形式にもとづく認識の可能性が、科学的認識だけでなく、「理論的、倫理的、審美的、宗教的世界了解の一般形式」にも広げられることが示唆されている。のちの『シンボル形式の哲学』につながる契機が示されていると言えよう。

質料と形式の二元論への批判は、『現代物理学における決定論と非決定論』ではより一層鮮明になっていく。「カントにとっては、すべての『合理性』が、一方ではユークリッド幾何学の公理によって、他方ではニュートンの自然理論の公理によって定められているある特定の範囲内に限られているということは、揺るぎない事実であった。そうであれば、この手の公理との結びつきが破棄されたならば、すべての合理的性格が無効を宣せられているように見えるであろう。とはいえこのような結論が妥当するのは、もちろん、現代物理学がその〔ユークリッド‐ニュートン的〕前提を、なにか他のもので置き換えることなく、ただ単に〈取り除いた〉場合にかぎられる。実際には、現代物理学においてそのような単なる除去が行われているのではけっしてない。それは合理的要素をただ棄てるのではなく、別様に定義し、その新しい定義において合理的要素を偶然的要素から解放することにより、本質的にはより一般化しているのである。」（カッシーラー 2019: 88-9）カッシーラーが引き継いだカントの認識論は、いわゆる古典力学においては妥当性を持っていた。物理学の体系が、古典力学の体系から現代物理学の体系へと移っていくなかで、カントの認識論をより一般化していく必要があるとカッシーラーは言うのである。

それはアインシュタインの研究がニュートンの研究をくつがえすことによって生まれたわけではないことからも説明される。「後続する理論は、先行する理論を単に排除し破壊するのではなく、先行理論の内容を受け継いでいる。アインシュタインの重力理論は、ニュートンの天文学の体系をくつがえすことによって生まれたのではなく、旧来の理論では、解釈できなかった現象をも説明がつくように、ニュートンの体系を発展的に改変することから生まれたのである。」（カッシーラー 2019: 90-1）まさにアインシュタインがニュートンの研究の発展的な改変を目指したように、カッシーラーも、カントの認識論をくつがえしたり、否定したりするのではなく、カントの認識論のさらなる一般化を目指したのであろう。その結果が、シンボル形式の哲学だったのである。(8)

精神の自由な能動性

先にも引用した箇所だが、カッシーラーは『シンボル形式の哲学』第一巻で以下のように述べている。「精神の真の根本機能はすべて、単に模写するだけではなく、根源的に像を形成する力を内蔵するという決定的な特徴を、認識と共有している。」（カッシーラー 1989: 28）しばしば、この像を形成する能力は、想像力、ないし構想力（imagination、Einbildungskraft）と呼ばれる。また、シンボル形式にもとづく認識は、精神の自由な能動性が潜んでいることをカッシーラーは指摘した。

このように考えれば、カッシーラーの理性の批判から文化の批判へという流れは、理性から想像力／構想力へという流れでもあるようにも理解できる。したがって、カッシーラーは、科学を含めた人間の文化活動は、すべて想像力／構想力がかかわっていると主張していたと理解することも可能である。

カッシーラーは、亡命先でも、その旺盛な研究意欲は衰えを知らなかったと言われる。生まれ育った場所から離れた亡命先でも精神の自由な能動性を失わず、研究に邁進したカッシーラーは、人間の持つ果てなき想像力／構想力の可能性を最も信じていた哲学者だったかもしれない。

注

（1）カッシーラーは、カントの引用を誤っているとみられている箇所が散見される。この点については、木田（1997）（特に、375-6）山本（2019）を参照されたい。

（2）新カント派については、大橋（2007）を参照されたい。

（3）『現代物理学における決定論と非決定論』の「まえがき」において、カッシーラーは以下のように述べている。「本書の研究の結果として、私が現代自然科学の基本概念の認識批判上の解釈において、コーヘンの『純粋認識の論理学』（一九〇二年）やナルトプの著作『精密科学の論理学的基礎』（一九一〇年）において提起されたるものと本質的に異なる結論に到達することになったとしても、だからといって『マールブルク学派』の創始者たちと私との絆が弛んだわけではないし、また彼等にたいする私の恩義が減少するわけでもないのである。」（カッシーラー 2019: 5）カッシーラーにとって、マーブルク学派の存在は常に気にかかっていたのかもしれない。

（4）戸坂潤は『科学方法論』において『アインシュタインの相対性理論』に着目しているので紹介してお

きたい。「相対性理論は理論物理学の内に於ても一つの特殊問題に過ぎない。併しそれは物理学の、又一般に自然科学の根柢に係わる問題であり、空間乃至時間・物質等の問題の形態をとって、最も普遍的な意味を自然科学に対して有つ。従ってその限り之は吾々の――科学方法論の――問題となることが出来、またならねばならない。この問題の哲学的解釈を吾々は数限りなく有つのであるが、その内最も吾々にとって意味あるものは、カッシーラーのそれであると思われる（Cassirer, Zur Einsteinshen Relativitatstheorie.）。何となれば、この論文は彼の方法論の順当な延長に外ならないからである。」（戸坂 1966: 95）戸坂の『アインシュタインの相対性理論』がカッシーラーの方法論の順当な延長であるという指摘は、いかなる意味において順当であるのかという問いは今後深められるべきだろう。

（5）ダヴォス討論については、岩尾龍太郎訳による「ダヴォス討論」『ダヴォス討論（カッシーラー対ハイデガー）／カッシーラー夫人の回想』（二〇〇一年、トランスアート）で読むことができる。また、当時の様子を伝える由良（1929）を参照されたい。

（6）カッシーラーが『シンボル形式の哲学』第三巻で意味するところの「現象学」について以下のように述べている。「私が『認識の現象学』と言うばあい、私は現代の用語法に従っているわけではなく、ヘーゲルが確立し、体系的に基礎づけ主張したあの『現象学』の原義に立ちもどっているのである。」（カッシーラー 1994: 9）現代の用語法というのは、フッサール以降の現象学を意味していることと考えられることから、そういった現象学ではなく、ヘーゲル『精神現象学』に由来する「現象学」であると理解できよう。

（7）『アインシュタインの相対性理論』では、シンボルにかかわる用語が非常に多様である。その例を若干紹介しておこう。思考シンボル（カッシーラー 1981: 19）、計量シンボル（カッシーラー 1981: 31）、シンボル的言語（カッシーラー 1981: 56）、概念的シンボル（カッシーラー 1981: 135）、シンボル形式（カッシーラー 1981: 167）、空間的シンボル（カッシーラー 1981: 45）。この時点でシンボル形式という言葉も使われていることを指摘しておきたい。

（8）カッシーラーは、『現代物理学における決定論と非決定論』のなかで、「動的な形式」という概念を提示している。動的な形式とは、「すなわち、素材を単に受動的に受け止め受け入れるだけではなく、素材を探索し、その探索をとおして素材を成型し組織化する形式」（カッシーラー 2019: 90）であるとされる。ここでは詳述できないが、質料（素材）と形式の二元論を批判するうえで、重要な概念であると思われる。

参考文献

カッシーラー 2017 山本義隆訳『実体概念と関数概念――認識批判の基本的諸問題の研究』みすず書房
―――1981 山本義隆訳『アインシュタインの相対性理論』河出書房新社
―――1989 木田元、生松敬三訳『シンボル形式の哲学　第一巻　言語』岩波書店
―――1994 木田元、村岡晋一訳『シンボル形式の哲学　第三巻　認識の現象学（上）』岩波書店
―――2019 山本義隆訳『現代物理学における決定論と非決定論――因果問題についての歴史的・体系的研究［改訳新版］』みすず書房
―――1997 宮城音弥訳『人間――シンボルを操るもの』岩波書店
大橋容一郎 2007「新カント学派」、須藤訓任編『哲学の歴史』第九巻、中央公論新社

カッシーラー、トーニ 2001「カッシーラー夫人の回想」、岩尾龍太郎、岩尾真知子訳『ダヴォス討論（カッシーラー対ハイデガー）／カッシーラー夫人の回想抄』トランスアート
木田元 1997「訳者あとがき」、カッシーラー、木田元訳『シンボル形式の哲学』第三巻（下）、岩波書店
齊藤伸 2011『カッシーラーのシンボル哲学——言語・神話・科学に関する考察』知泉書館
戸坂潤 1966「科学方法論」『戸坂潤全集　第一巻』勁草書房
直江清隆 2007「カッシーラー」、須藤訓任編『哲学の歴史』第九巻、中央公論新社
野家啓一 1997「解説」、カッシーラー、宮城音弥訳『人間——シンボルを操るもの』岩波書店
山本義隆 1981「解説」、カッシーラー、山本義隆訳『アインシュタインの相対性理論』河出書房新社
——— 2017「訳者あとがき」、カッシーラー、山本義隆訳『実体概念と関数概念——認識批判の基本的諸問題の研究』みすず書房
——— 2019「訳者あとがきと解説」、カッシーラー、『現代物理学における決定論と非決定論——因果問題についての歴史的・体系的研究［改訳新版］』みすず書房
由良哲次 1929「ハイデッガーとカッシィラーとの論争」『思想』（90号）岩波書店

［大倉茂］

三木清――生活への愛と構想力

戸坂から見た三木清

私たちは、あるひとりの哲学者のさまざまな著作に触れた場合、その哲学者の教科書的な説明から外れた思想を目の当たりにして、戸惑うことが多々ある。言い換えれば、その哲学者らしくない思想が綴られていることが少なくないのである。そしてそういった経験こそが、私たちに新たな読解の可能性を与えてもくれる。そういった一見、論理的な統一性を欠く記述がテキストに残されているのは、もしかしたら複雑な物事を根本から捉え直すからこそであり、哲学者が哲学者たる所以かもしれないが、そういった意味では本章で紹介する三木清は哲学者らしい哲学者かもしれない。

他方で、なぜ教科書的な説明から外れた思想を目の当たりにして戸惑うかというと、私たちは、あるひとりの哲学者の思想を紐解く場合、ある〈核のようなもの〉を探そうとするからである。結局のところこの哲学者はなにがいいたいのか、ということが気になって仕方がないのである。それはある意味当然のことで、その哲学者の著述していることを理解したいから、その哲学者のテキストに触れる。当然のことである。だからこそ、一見、論理的な統一性を欠くかのように見える記述を見つけると戸惑い、また改めて統一的な理解が可能なような論理を探し始めるのである。そして、そういった営みを続けることで、新たな読解が可能になってくるのである。

三木のテキストの一見、論理的な統一性を欠くかのように見える面をいち早く指摘したのが、戸坂潤である。戸坂についての詳細は、他にゆずるが、戸坂は、後世の三木評を決定づけたと言ってよい三木清を評する論文「三木清氏と三木哲学」（一九三六年）を遺している。[1] そのなかで、戸坂は、以下のように述べている。「三木は立派な一個の文章家である。その文章は非常に整っているし、文献上の連想を伴いながら、概念を使っているから見る者が見れば含蓄も多い。だが、それにも拘わらず多くの文章がレトリックに堕しているということも出来よう。というのは彼の書き方には普通の意味での論理的な関節がないのである」（戸坂 1967: 108）、と。三木の文章は、「レトリックに堕している」、同時に「論理的な関節がない」。とても辛口で、辛辣な評価である。[2] しかしながら、三木もその点に関しては、認めている節もある。三木自身が、『構想力の論理』「序」においてこのように述べている。「もちろん、今後この論文を書き続けるに従って私の方針にも変化発展が生ずることであろうと思う。それは私のように、考えてから書くというよりも書きながら考えてゆくという習慣を有する者にとっては、当然のことである」（三木 1967: 3-4）、と。ある意味、開き直りとも思える三木自身の自己反省の弁である。三木は「書きながら考える」ゆえに、少なくとも『構想力の論理』において、三木の論文の方針も変化があると認めている。実際、『構想力の論理』を書き進めている時期は、後に詳述するように、新聞での連載を多く抱え、時事評論や断片的な論文を中心に執筆活動を続けていた。

生涯と著作――歴史哲学者、三木

このように三木は一見、論理的統一性がないかのようにみえるわけだが、他方で戸坂は、先出の論文のなかで、以下のように述べている。一見「豹変の術に長けているように見える」（戸坂 1967: 104）、と。戸坂がこのように三木を評したように、三木に対する評価はさまざまである。ハイデガーとの関わりを強調する評価、マルクス主義との関わりを強調する評価、はたまたマルクス主義ではなく、マルクスとの関わりを強調する評価、西田幾多郎との関わりを強調する評価、親鸞研究こそ三木の研究の中心であるという評価。さまざまな読解を可能にする三木のテキストの懐の深さ故とするべきか。私たちはしばしばある哲学者を特定の哲学的コンテキストに照らしながら理解しがちであるが、三木はそれを拒否しているようにも一見思われる。そうなるといよいよ三木の思想にあるであろう〈核のようなもの〉が見えにくくなる。

しかし、戸坂は、三木を「豹変の術に長けている」とは言わない。一見、「豹変の術に長けているように見える」が、戸坂は一貫して三木は歴史哲学者であると述べる。本章は、戸坂の評するように、三木を歴史哲学者として捉え、そういったコンテキストにおいて見てみたいと思う。他方で、一見、三木に論理的統一性がないかのように見えるという問題に関しても、たしかに断片的なテキストを個別に見ていけばそのような評価に至ることもうなずける。それは三木も認めるとおりである。ただ、三木が歴史哲学者であることや三木がそのテキストを著述した当時にどのような思想的課題と格闘していたのか、さらには、当時の時代がどのような状況であるのかというコンテキストのなかで読み解くことで、一見したところ見えにくい論理的統一性も見えてくるのではないだろうか。むしろそういったコンテキストのなかで読む解くべきなのではないだろうか。

三木清（1874-1945）は、西田幾多郎、田辺元、和辻哲郎、戸坂潤などと並んで二〇世紀前半の日本を代表する哲学者である。兵庫県揖斐郡龍野町に生まれ、その後東京の第一高等学校に進む。その後、京都帝国大学（当時）で西田幾多郎に師事することになる。卒業論文は、「批判哲学と歴史哲学」（一九二〇年、のちに『史的観念論の諸問題』に収録）であり、主題は歴史哲学である。その後に岩波書店を創業した岩波茂雄の援助を受けて、ドイツに留学することになる。当時のドイツは、マルク安にあえいでいたが、それを受けて、九鬼周造など多くの日本の研究者がドイツにこぞって留学していた。そのひとりが三木であった。三木は、リッケルト、ハルトマンなど新カント派の学者たちの講義を受けるなどすると同時に、若きハイデガーと接触することとなる。後に『存在と時間』として結実することになる思想を、三木は早期に受容し、その成果を、パスカルを通して論じることでまとめ、岩波書店から刊行されている『思想』にドイツから居を移していたフランスから寄稿することとなった。その連載が『パスカルにおける人間の研究』（一九二六年）として公刊された。三木をハイデガーと引きつけて論じる傾向は、ここに焦点が当てられているといってよいだろう。

そして、当時のヨーロッパの最新の思想をひっさげて、凱旋帰国となったわけだが、当時の日本の学問状況を反映し、それまで大きく見れば新カント派の影響下にあったといっていい三木は、一転マルクス主義を自認するようになる。論文「人間学のマルクス的形態」（一九二七年、のちに『唯物史観と現代の意識』（一九二八年）に収録）を執筆し、話題となる。他方で、京都帝国大学での将来を嘱望され、自らも京都帝国大学での将来を望んでいたと思われるが、京都帝国大学への就職の道はたたれることとなる。なぜたたれたかについては、諸説あるので、ここでの言及は控えておこう。そこで三木は、西田幾多郎の紹介もあって、法政大学文学部にポストを得ることになる。しかしながら、そこでも三木は、また苦難に襲われる。一九三〇年に治安維持法違反で検挙され、法政大学文学部の教授職を失職することになったのである。それだけではない。当局に拘束されている最中に、三木の論文がマルクス主義者によって強く非難されたのである。そこで三木は、事実上、マルクス主義の看板を下ろさざるを得なくなった。この「マルクス主義者」時代の三木に焦点を当てて、マルクス主義、ないしマルクスと三木を引きつけて論じる傾向もある。

一九三〇年の検挙の釈放後に書き始められた『歴史哲学』が一九三二年に公刊される。これは、卒業論文以来の歴史哲学への回帰であると言える。また、この著作を強調する理由がもうひとつある。それは、『歴史哲学』が論文集ではないという意味で、書き下ろしであるという点である。少なくとも生前公刊されている著作においては『歴史哲学』、『哲学入門』、『技術哲学』(3)などの例を除いては、一九三〇年以降の三木を後期三木と勝手ながら呼ぶこととするならば、後期三木は、非常に多産ながら、先にもふれたように新聞の連載、時事評論、学術論文とまとまった著作に取り組むと言うよりは、断片的なテキストを書き連ねるスタイルで著述をしているといってよい。多くの著作も断片的なテキストを書き連ねて、後に論文集とまとめるということが多い。その典型が『構想力の論理』である。『構想力の論理』の成立事情については次節で見ることとしよう。

三木は、一九三〇年と一九四五年の二度治安維持法によって検挙されている。一九三〇年の検挙をめぐる事情は先の通りだが、二度目の検挙による拘留中である、一九四五年九月二六日に死去している。同様に獄中死することになった、他の章でも紹介する戸坂潤と並んで三木は、二〇世紀前半の日本社会の大きなうねりのただなかにいた。三木の死後、草稿『親鸞』が見つかった。何度も三木の手が入っているその草稿から、実は三木は一貫して『親鸞』を意識していたのではないかという評価も生まれるに至った。(4)

『構想力の論理』の成立とその概要

非常に多産な研究者であった三木ではあるが、代表的な著作を公刊順に並べると、『パスカルにおける人間の研究』（一九二六年）、『唯物史観と現代の意識』（一九二八年）、一九三〇年の検挙の釈放後に書き始められた『歴史哲学』（一九三二年）、公刊されることのなかった『哲学的人間学』（一九三七年三月断念か）(5)、『構想力の論理　第一巻』（一九三九年七月）、『哲学入門』（一九四〇年）、『技術哲学』（一九四一年）となる。

『構想力の論理』は、雑誌『思想』に連載され、「神話」「制度」「技術」「経験」と書かれて、「言語」を書く予定があったが、三木清の死去により途絶することとなる。(6)その間には、二度の中断があり、第一の経験（一）と（二）の間の中断は『哲学入門』の執筆のため、第二の経験（七）と（八）の間の中断は軍部にフィリピンへ強制徴用されたためである。また、一九三九年七月に『構想力の論理　第一』として、「神話」「制度」「技術」までが刊行されたが、そのときに

「序」が書き足された。すなわち、「神話」「制度」「技術」までは一息で書かれ、改めて、「序」がその後に著されたことになる。したがって、「序」は、「神話」「制度」「技術」を見通すにあたってとても有効なテキストである。そして、その後、二度の中断をはさみながら、「経験」を執筆することとなる。しかし、「経験」を書き終えたところで、三木の命運は尽きることとなる。三木は『構想力の論理』について、以下のように述べている。「『構想力の論理』第一巻は、これまでに書いた分を訂正増補して近々出版することになっている。全部で三巻になる予定であるが、これが完成すれば私の仕事にも多少基礎が出来ることになると思う」（三木 1968: 278）。三木にとって『構想力の論理』は自らの研究の基礎になるという位置づけを三木自身がしている。(7)

一方で「書きながら考えてゆくという習慣を有する者」である三木は、先にも引用したように「しかるにやがて『制度』について考察を始めた頃から、私の考える構想力の論理が実は『形の論理』であるということが漸次明らかになってきた」（三木 1967: 5-6）と述べていることからも明らかなように、そして後に端的に「構想力の論理は形の論理である」（三木 1967: 269）としている。(8)そして、構想力そのものについては、「構想力の本質は総合し、統一すること、かくして形を作ることにある」（三木 1967: 267）と述べている。すなわち、構想力は形を作る能力として規定されている。同時に、「構想力の論理は歴史的な形の論理である」（三木 1967: 7）としている。すなわち、三木において、構想力の論理は、歴史的な形の論理であると端的に説明しうる。その場合、歴史とはなにか、さらには形とはなにかという問いが出てこよう。この二つの問いは、同時に問う必要がある。まず歴史に関しては、「歴史は形から形への変化すなわちメタモルフォーゼである」（三木 1967: 250）と述べている。他方で、「形の論理」といった場合の「形」とは、「形なき形」でなければならないと考えている。三木は、以下のように述べている。「却って形を超えた形、『形なき形』でなければならぬ。形は主観的なものと客観的なものとの統一であるといっても、構想力の論理はいはゆる主客合一の立場に立つのではなく、却って主観的・客観的なものを超えたところから考えられるのであり、かくして初めてそれは行為の論理、想像の論理であることができる」（三木 1967: 11）、と。この「形なき形」をいかに理解するべきだろうか。

三木の考える「形」と「歴史」の両者を関わらせながら、もう少し考えてみたい。「形式論理を完成したと称せられるアリストテレスの論理は、もと形或いは形相（イデア、エイドス）を実在とみたギリシア的存在論と結び付いた形の論理であった。けれどもその場合は形は不変なものと考えられて歴史的なものとは考えられなかった」（三木 1967: 8）。三木の理解によると、「ギリシア哲学においては形は不変なもの、永遠のものと考えられた」（三木 1967: 230）とも述べていることからもわかるように、ギリシア哲学、ないしはアリストテレスの論理においては、形は普遍なものであるとしている。しかしこの形は普遍ではなく、形から形へ変化していく、すなわちメタモルフォーゼしていくということが三木の「形」を理解する上で重要であるように思われる。そして、形をこのように規定することは、「形が生成し発展し、また消滅すると言うことがなければ、歴史は考えられない」(三木 1967: 231)と述べていることから明らかなように、歴史を形の変化としてみていくためなのである。

ここまで論じてきたことをまとめるならば、以下のようになる。三木はまず構想力は形を作る能力であると規定し、構想力の論理は、形の論理であると規定した。ここでいう形の論理とは、〈形を作る〉という形の論理なのである。〈形を作る〉という場合の形は、形なき形であって、形なき形をメタモルフォーゼの形式であると捉えれば、構想力の論理はメタモルフォーゼの形式の論理、すなわち変形の形式の論理であり、同時に、構想力はメタモルフォーゼ、すなわち変形の能力である。そして、三木にとって歴史は、「形から形への変化すなわちメタモルフォーゼである」が故に、構想力の論理は、歴史にこそ焦点を合わせるべき論理なのである。

生活への愛と構想力

ここで三木清のひとつの小論を取り上げる。先にも述べたように、三木は法政大学の職を解かれて以降、時事評論を積極的に執筆するが、それだけではなく、数多くの雑誌に論文を掲載している。したがって三木の後期の著作は、まとまった著作を残していると言うよりは、断片的なテキストが残っていると言ってよい。当時の三木を理解する上で、そういった断片化されたテキストをいかに三木の当時の研究主題に引きつけて理解するかが重要であると言えよう。そこで、三木の「生活文化と生活技術」（一九四一年）に注目し、当時の三木の研究主題である構想力論との関わりを析出することとしたい。

「生活文化と生活技術」は、一九四一年に書かれており、当時、三木は『構想力の論理』「経験」を『思想』に連載していると同時に、同年に『技術哲学』を著している。したがって、三木の「生活文化と生活技術」は、当時の三木の研究主題と考えられる構想力論との関わりを考えることが重要である。なにより、構想力論を下敷きに据えることで、単に「生活文化と生活技術」を読むだけでは見えてこないコンテキストが見えてくるのである。

では、具体的に「生活文化と生活技術」を読んでいきたい。「文化を意味するカルチュアまたはドイツ語のクルトゥールという言葉がもと耕作を意味する言葉から出ているように、与えられた自然に働きかけて人間の作り出すものが文化である。」（三木 1967: 385）このように三木は、まず文化を与えられた自然に働きかけて人間のつくり出すものとして規定する。そして、「私たちの生活もまたある自然のものである。これに積極的に働きかけ、これを変化し改造してゆくところに生活文化というものが考えられる」（三木 1967: 385）と述べ、その与えられた自然に私たちの生活も含められるという。したがって、与えられた自然のひとつである私たちの生活に人間が働きかけて作り出すものが生活文化であると考えられる。

さらに「文化は、少数の天才にのみ関わるものではなく、また『文化人』と呼ばれる一部の人間にのみ属するものでもなく、すべての人間に関係するものである」（三木 1967: 386）とし、すべての生活者が文化的人間として、文化に対して重要な関係があり、責任があるとされる。その場合、新たな生活文化の創造を目指さなければならないとされるが、その新たなというのは三木にとっては、個人主義的な生活様式に対して、協同主義の生活様式が形成されなければならないという。「日本人は立派な国家道徳をもっているけれども、社会道徳においてははなはだおとっているといわれる。そのことはたとえば今の交通道徳の状態をひとつ見ても明瞭である」（三木 1967: 89）とし、「新しい生活文化はさしあたり交通道徳の向上の如きことからはじめねばならないだろう」（三木 1967: 389）と述べ、三木が真に生活に密着した文化を生活文化として考えていることがわかる。ただし、当時の世情を考えてもこの点は注意が必要であったと思われるが、「協同と画一とは同じでない。全体主義と称するものが画一主義の弊に陥らないように注意しなければならぬ」（三木 1967: 390）としている。したがって、三木のいう新しい生活文化は、個人主義をある意味で乗り越えることを考えながら、かといって画一的な全体主義を目指しているわけではなく、個と共同の弁証法を考えていたと言えよう。

文化生活と生活文化

「まず文化生活は銭のかかること、贅沢なことになりがちであった。そしてそれは消費的な文化に一層多く関心した。文化というものは家庭生活においてよりも家庭の外において求められねばならなかった。そこにはまた一種の文化主義が現れて、生活と文化とが遊離し、文化に対する関心が生活に対する関心から乖離することになった。生活と文化とは統一されねばならぬ。文化を生活的に考えるということは東洋古来の伝統でもある。生活文化の思想は、文化と生活との統一を、生活もすなわち文化であるという根本観念から出発して、いはば下から求めてゆくのである。」（三木 1967: 391）ここでいう文化生活とは、自由主義的、個人主義的な様式をさす。それゆえに、これまでの議論からも明らかなように、三木は文化生活に対して批判的な態度をとるのだが、これまでの文化生活は、文化と生活が分離してしまったことを懸念する。文化は、生活という下から立ち上げていくもので、生活はすなわち文化である、すなわち生活文化を考えていくことが大切であるとする。そのことは、さきほど簡単に触れたように、文化の担い手の問題とも関わる。「いわゆる文化生活が少数の芸術家や学者のつくった文化を享受するという立場に立っていたのに反して、生活文化においてはすべての者が誰でも文化の創造に参加しているのであるという自覚が深められ、かようにしてまた芸術とか科学とかいうものに対して単なる受用の立場に止まることなく、それぞれに生産ないし創造の立場に立つということにならなければならない。」（三木 1967: 392）繰り返すことになるが、私たち生活者が文化を受動的に受けとるのではなく、それぞれが文化の生産ないし創造に積極的に関わることの意義を説いている。

さて、では、どのように新しい生活文化を作っていくのかといえば、「新しい生活文化の形成には生活に対する積極的な態度がなければならないが、それは何よりも生活に対する愛というものである」（三木 1967: 393）と三木はいう。そして「この愛は生活をより善く、より美しく、より幸福にしてゆくことを求めるであろう」（三木 1967: 393）という。すなわち、新しい生活文化を形作るためには、生活をよりよくしようとする愛が必要であるという。

その生活の一つの例として挙げられるのが娯楽である。「娯楽は生活文化における一つの重要な要素であるが、娯楽というものを何か余分のもの、贅沢なものの如く見る考え方が今も存在している。しかし娯楽は生活に欠くことのできぬものである。娯楽の意味を正しく理解するためには、生活を楽しむということの意味が正しく理解されねばならぬ。日本人は生活を楽しむことを知らないといわれているのである。」（三木 1967: 394）このように新たな生活文化を形作るのに、生活を楽しむという意味の娯楽は生活に欠くことができないと述べている。

生活文化と形式

そもそも生活文化を形作るとはいかなることか。なぜその場合に娯楽が重要とされるのか。三木は以下のように述べている。ここが『構想力の論理』の主題と関わる箇所なので、少し長いが引用してみたい。「娯楽というものは生活にとって余分のもの、生活の外にあるもの、単に生活に付け加わってくるものではなく、生活のなかにあって生活を構成すべき一つの要素である。娯楽は『生活の一つの形式』であるということもできる。このようにすべての生活文化は生活に対して外部から付け加わってくるものでなくて私たちが生活を形成してゆく形式にほかならず、しかもこの形式は内容を離れたものでなく、むしろ新しい内容を生産してゆくものなのである。娯楽というものは、生活の一つの形式として私たちの力を普通に使用されているのとは違った方面に働かせ、あるいはまた私たちの普通は使用されていない力を働かせる。楽しむことは怠けることは出来ない。怠けることによってひとは真に楽しむことができぬ。ただ娯楽に平生とは違った力の働きあるいは同じ力の違った働きがあるのである。」（三木 1967: 395）ここで三木は、娯楽は生活のひとつの形式であり、すべての生活文化は、生活を形成してゆく形式であると述べている。もう少し補足して言い換えると、娯楽を含め生活一般は、生活の形式を作り出していく形式であると理解されよう。

この形式、そして、形式を作り出していく形式こそ、『構想力の論理』の主題である。先に確認したように、『構想力の論理』において三木は、「構想力の論理は形の論理である」（三木 1967: 269）とし、構想力そのものについては、「構想力の本質は総合し、統一すること、かくして形を作ることにある」（三木 1967: 267）としている。構想力は形を作る能力であった。それと同時に、「構想力の論理は歴史的な形の論理である」（三木 1967: 7）とし、三木において、構想力の論理は、歴史的な形の論理であった。このように三木はまず構想力は形を作る能力であると規定し、構想力の論理は、形の論理であると規定した。この場合の形の論理とは、形を作るという形の論理なのである。

こういった『構想力の論理』において展開される構想力論と、三木の「生活文化と生活技術」の生活や娯楽における議論は、形式を作る形式という議論において符合する。そして、このように三木の構想力論を下敷きにしながら、三木の生活文化や娯楽に関する議論を改めて考えるならば、三木は娯楽を通じて、生活文化を変えていくことを、もっといえば閉塞した時代状況を乗り越えることを目論んでいることがわかる。

哲学者とその時代

「生活文化と生活技術」の議論はもう少し続く。「もちろん娯楽は目的のないものである。目的のある娯楽は真の娯楽にはならない、娯楽には目的がなくて、しかもそれは生活にとって合目的的なものである。それはいはば『無目的の合目的性』であり、この点においてそれは芸術に類似し、一種の芸術であるとも言いえるであろう。娯楽を贅沢なものと考える観念を棄ててかかりさえすれば、娯楽は至る所に各人にとってあるのである。」（三木 1967: 396）このように娯楽は芸術に類似していることを指摘し、構想力との関係を直接的には言わないまでも間接的に触れている。

このように、後期三木の小論は、当時主題としていた議論に直接触れないまでも、それを下敷きにして論じていることが多い。そして、その下敷きにしている議論を理解してこそ、書きたいことが書けない時代に三木が論じたかったことが見えてくることにもつながるだろう。戸坂の言葉を借りるならば、三木は表面的には、一見レトリックに堕しているように思えるかもしれないが、その内側では、三木なりの強固な論理が存在しているのではないだろうか。

「すべての生活文化を生産ないし創造の立場から新たに見直すことを学ばなければならぬ。」（三木 1967: 398）一九四一年という混迷を極めていた時代の中で、そして著述が自由にできなかった時代の中で、生活文化や娯楽について論じ、日々の暮らしの中に将来社会の萌芽を求めたのかもしれない。

ひとりの哲学者の著作全体のなかでそのテキストがどこに位置付くのかを常に意識しながらテキストに対峙することの必要性を私たちに教えてくれているのではないだろうか。また、同時に、そのひとりの哲学者が知の長い歴史のなかでどこに位置付き、そしてまたどういった社会条件の中で思想的格闘をしたのかということにも常に意識をしなければならないのではないだろうか。後期三木から、私たちにそういったことを学ばなければならないのではないだろうか。

注

（1）この論文は『中央公論（一九三六年一一月号）』掲載当初は、「三木清論」であったが、『世界の一環としての日本』（一九三七年）収録時に改題された（戸坂 1967: 504）。戸坂の本論文における三木評は、三点に集約することができる。この章では端的に紹介しておく。すなわち、第一に、「結果から見ると三木清は豹変の術に長けているように見える」（戸坂 1967: 104）が実は一貫して歴史哲学者であること、第二に解釈家であること、第三にヒューマニスト・自由主義者であること、である。

（2）本文の中でも指摘したが、現在多く残されている三木評はこの戸坂の三木評を下敷きにされていることが多い。しかし、この論文は、文字通り受け止めることは適切ではないかもしれない。久野収（1910-1999、哲学者）が興味深い指摘をしているので、以下に示す。「戸坂のこの評価は、相手にマルクス主義者のレッテルをはりつけることが、相手をジャーナリズムから疎外するだけではなく、官憲に売りわたす結果になりかねない状況で書かれているだけに、用心して読まれる必要がある。戸坂の真意は、三木とマルクス主義との関係を一時の浮気と解釈することによって、三木を官憲から防衛するねらいをもっていたかもしれないのである。」（久野 1966: 31）この指摘は、三木は一貫して歴史哲学者であると何度も執拗に指摘している戸坂の文章から考えても想像力をたくましくさせる。同時に、『批評空間』（第Ⅱ期第４号、太田出版、一九九五年）に掲載されている久野収の浅田彰と柄谷行人からのインタビュー「京都学派と三〇年代の思想」（一九九四年）において、戸坂の「三木清氏と三木哲学」における三木評価の辛辣さについて問われた久野は以下のように述べている。「それは戸坂さんが自分で言ったんです。おれは『唯物論研究会』の組織代表だから、出来るだけ回避の努力はするが、おれと岡邦雄はだぶん、やられる、しかし三木は残して頑張らせたほうがいいから、と。」（久野・浅田・柄谷 1995: 27）このように三木を豹変の術に長けているや、論理がないなどと評価する必要も当時の世相を考えるとあったと言えよう。

（3）『技術哲学』もその背景には、『構想力の論理』の「技術」章があり、純粋に書き下ろしと言えるかどうかは『構想力の論理』「技術」章と比較する必要があろう。

（4）三木の遺稿に「親鸞」がある。この遺稿を持って、三木の思想を総括しようとする立場は多い。その源流はおそらく唐木順三である。三木が捕らえられるときの疎開先に持ち込んでいた「親鸞」の未定稿を整理し、公刊した唐木は、そのとき「おそらく三木さんの絶筆であろう」と書き添えたが、「然し今から考へるとこれは早急の間にした吟味なき推定であつて、『親鸞』の執筆がいつであるかは問題である」

（唐木 1966: 74）とし、改めて「未定稿『親鸞』は相当以前の執筆であるが、拘禁前の三木さんは、それを近々に完成しようとして準備してゐたのではないか」（唐木 1966: 154）としている。唐木は、『構想力の論理』と「親鸞」が矛盾なく両立するのは困難であるとしながらも、不安の時代への応答としてパスカル研究から親鸞論への系譜を三木の一つの思想の流れとして見ている。

（5）『全集』第一八巻所収の桝田啓三郎「後記」による。

（6）三木は『構想力の論理』「経験」の末尾に「付記」を残している。「付記」の最後に「構想力の論理そのものは次に『言語』の問題を捉えて追求してゆくはずである」（三木 1967: 509）と述べている。このことはカッシーラーと比較する上でも興味深い。カッシーラーは、『シンボル形式の哲学』において、言語、神話、認識と論を進めるが、三木は神話、制度、技術、経験、言語とすすめる予定であった。この異同をどう評価するかは今後の課題としたい。

（7）坂田徳男宛書簡昭和一六年（一九四一年）一月二八日「『思想』の論文だらだらと長くなつてしまひました。今度は『経験』だけで『構想力の論理』第二ができさうです。これからまだ数回続く筈です。時代は益々険悪になってゆきます。こんな時には学問をしているほか生きやうがないと思います。」（三木 1968: 414）

（8）三木は、「構想力の論理は形の論理である」ということを表現をかえながら繰り返し述べている。以下に本章で取り上げなかった箇所をいくつか紹介しておきたい。「構想力の論理といういはば主観的な表現は、形の論理といういはば客観的な表現を見いだすことによって、私の思想は今一応の安定に達したのである」（三木 1967: 6)。「構想力の論理はまさに形の論理にほかならず、この論理は時間即空間、空間即時間ということを現している」（三木 1967: 117）。「そして我々によれば、かように形の見られるところに構想力の活動が見られ、構想力の論理とは形の論理である。構想力の哲学は無限定な空想に道を拓こうとするものでなく、却って形という最も限定されたものに重心を有するのである」（三木 1967: 227）。

参考文献

赤松常弘 1994『三木清――哲学的思索の軌跡』ミネルヴァ書房
荒川幾男 1968『三木清』紀伊國屋書店
内田弘 2004『三木清――個性者の構想力』御茶の水書房
大峯顯 2008「解説」、三木清『創造する構想力』燈影舎
唐木順三 1966『三木清』筑摩書房
清真人・津田雅夫・亀山純夫・室井美千博・平子友長 2008『遺産としての三木清』同時代社
久野収 1966「解説　三木清――その生涯と遺産」、『三木清』筑摩書房
久野収・浅田彰・柄谷行人 1995「京都学派と30年代の思想」『批評空間』（第Ⅱ期第4号）太田出版
熊野純彦 2009「近代の日本哲学の展望――「京都学派」を中心にして」、熊野純彦編著『日本哲学小史』中央公論新社
小林敏明 2010『〈主体〉のゆくえ――日本近代思想史への一視角』講談社
菅原潤 2018『京都学派』講談社
玉田龍太郎 2017『三木清とフィヒテ』晃洋書房

津田雅夫 2007『人為と自然――三木清の思想史的研究』文理閣
戸坂潤 1967「三木清氏と三木哲学」『戸坂潤全集　第五巻』勁草書房
永野基綱 2009『三木清』清水書院
服部之総 1930「観念論の粉飾形態――三木哲学の再批判――」『思想　第九六号』岩波書店
檜垣立哉 2015『日本哲学原論序説――拡散する京都学派』人文書院
町田哲生 2004『帝国の形而上学――三木清の歴史哲学』作品社
三木清 1967「構想力の論理」『三木清全集　第八巻』岩波書店
――1967「生活文化と生活技術」『三木清全集　第一四巻』岩波書店
――1968「自己を中心に」『三木清全集　第一七巻』岩波書店
宮川透 1958『三木清』東京大学出版会
――1967『西田・三木・戸坂の哲学――思想史百年の遺産』講談社
吉田傑俊 2011『「京都学派」の哲学――西田・三木・戸坂を中心に』大月書店
三一書房編輯部編 1948『回想の三木清』三一書房

［大倉茂］

戸坂潤――時代といかに対峙するか

生涯と著作――戦時下のある知識人

「やがて戦争もすむ。あと一年もたったらまた会おう」（古在 1982: 163）。こう言い残して、戸坂は治安維持法違反により下獄していった。戸坂の予言の通り、戸坂の下獄の一年後には戦争は終わった。しかし、戦争が終わった一九四五年八月一五日に戸坂はもうこの世にはなかった。一九四五年八月九日に、戸坂は長野刑務所で落命していた。

その社会が混乱しているとき、権力が知識人をスケープゴートとすることは、ソクラテスをわざわざ挙げることもなく、歴史上散見できることで、戸坂もそのひとりかもしれない。しかし、私たちは戸坂には、「歴史上よくあるあれ」とはまた違った構えをもつ必要があるのではないだろうか。

戸坂潤（1900-1945）は、科学論、技術論やイデオロギー論など多岐に渡る研究を行った二〇世紀前半を代表する日本の哲学者である。(1) 戸坂の研究業績に大きな見通しを得るために主な著作を並べるならば、『科学方法論』（一九二九年）、『イデオロギーの論理学』（一九三〇年）、『イデオロギー概論』（一九三二年）、『現代のための哲学』（一九三三年）、『技術の哲学』（一九三三年）、『現代哲学講話』（一九三四年）、『日本イデオロギー論』（一九三五年）、『科学論』（一九三五年）、『思想としての科学』（一九三六年）、「道徳の観念」『道徳論』（岡邦雄との共著、一九三六年）、『思想と風俗』（一九三六年）、『現代日本の思想対立』（一九三六年）、『現代唯物論講話』（一九三六年）、『世界の一環としての日本』（一九三七年）、「認識論とは何か」『認識論』（山岸辰蔵との共著、一九三七年）、『読書法』（一九三八年、発禁処分）と並べることができる。ここでは『日本イデオロギー論』を主に取り上げることにする。(2)

唯物論研究会において戸坂と活動を共にした哲学者の古在由重（1901-1990）は戸坂について以下のように評している。「一九三二年から一九三八年までの国際ファシズムの一環としてのこの日本ファシズムの嵐にさからいながら、反ファシズムの文化闘争のけわしいコースを力づよく、そしてたくみに指導した戸坂潤は、さすがにまれにみる名船長だった。」（古在 1982: 165）一九三二年から一九三八年にかけての戸坂に何があったのだろうか。戸坂の経歴をたどってみよう。(3)

戸坂は、一九〇〇年東京神田に生まれる。一九一三年に開成中学に入学、一九一八年第一高等学校理科に入学、物理学者を志して数学を専攻する。一九二一年一高卒業後は、西田幾多郎、田辺元を慕って京都帝国大学文学部哲学科に進学する。京大在学中は数理哲学を専攻する。一九二四年大学院進学、志願兵として野戦重砲兵隊に入隊（一九二五年除隊）する。除隊後は、京都において京都工芸学校などで講師を務める。一九二七年に再び野戦重砲隊に六ヶ月入隊する。この二回の入隊中にも論文を執筆し、周りを驚かすこともあったという。一九二八年には、陸軍砲兵少尉に任ぜられる。戸坂が入隊と除隊を繰り返している間に、三木清（1897-1945）がドイツ留学から帰ってきて、戸坂の考え方を変更させることとなる。戸坂は、「三木清氏と三木哲学」において以下のように述べている。「でやがて彼はみずからマルクス主義者を以て任じることになった。その『マルクス主義』なるものが私をいたく動かしたのである。三木清の影響で左傾（?）した恐らく最初の一人が私かも知れぬ。して見れば彼は私にとって非常に大切な（?）先輩と云わねばなるまい。」（戸坂 1967: 103）助詞の「で」を文頭に使うのは、戸坂の文体ではときおり見られる表現であるが、それまでの戸坂は、ヴィンデルバント『意志の自由』を一九二四年に訳すなど新カント派の影響下にあったといってよい。しかし、戸坂の言及をそのまま受け取るならば、三木の影響により、マルクス主義、ないしはマルクス哲学、あるいは唯物論に傾倒していくこととなる。

そのような戸坂であるが、一九三〇年、共産党員を自宅に泊め、一度目の検挙をされることとなる。そして、三木が続いて検挙され、職をとかれるに至り、一九三一年にその後任として戸坂が法政大学講師となり、上京する。その後生活の拠点を東京に置くこととなる。そして、一九三二年、岡邦雄、三枝博音、服部之総などとともに唯物論研究会（以下、唯研）を創設する。その後、「名船長」戸坂の本領が発揮されることとなる。しかし、時局は混迷を極め、一九三三年四月一〇日には唯研の仏教青年会館で開かれた講演会が官憲に解散させられ、この講演会の解散を機に、会から遠ざかるひとたちも多かったようである（古在 1982: 84）。さらには一九三四年思想不穏のかどで戸坂が法政大学を免職される。それにとどまらず、一九三七年、岡邦雄などとともに執筆を禁止させられる。一九三八年、唯研が解散させられると同時に、二度目の検挙をされる。一九四〇年に保釈されるが、その後、一九四一年一審最高刑懲役四年、控訴、一九四二年二審懲役三年、上告、一九四三年控訴院懲役三年、上告、一九四四年上告棄却となり、下獄する。先述のように一九四五年八月九日、長野刑務所で死去することとなる。上告棄却から下獄にかけても、歯の治療のために延期願、さらには娘の疎開のために延期願を出すなど、戸坂の苦慮の跡を見ることができる。

戸坂と唯物論研究会

一九三二年から一九三八年にかけて活動した唯物論研究会は、唯物論研究に関心をもつ者たちのあつまる学術団体であり、自然科学者から哲学者まで多様な専門が集まる団体であった。その活動も講演会、講習会のみならず、出版活動として機関誌『唯物論研究』、計六六冊にわたったシリーズ『唯物論全書』など非常に旺盛であった。その中心に戸坂がいたのである。のちに古在が「一九三八年の春ごろ、すでに政治活動や労働運動の方面はいうまでもなく、合法的な進歩的文化団体もまたほとんどすべて解体されていました。ただ『唯物論研究会』だけがのこされていたといってもよろしい」（古在 1982: 27-8）と述べているように、反ファシズムの進歩的な団体が解散を迫られていくなかで、最後まで唯研の牛耳をとっていたのが戸坂だったのである。

そのようななかでも戸坂は「唯物論者は朗らかでなきゃならん」ということで、唯研で毎年一回か二回は登戸（神奈川県川崎市）などにピクニックに行っていた。唯研としては「朗らかに楽しもう」というつもりだったのだが、ピクニックには特高がついてきたという。そのときの様子がこのように伝えられている。「（特高が――引用者注）ついて来ました。届け出しなきゃならないでしょう。で、来てみるとなんでもない。べつにコソコソ秘密の会合もやってないようだし、というようなことだった。」（古在 1982: 113-4）一九三八年に解散を迫られた唯研であったが、「唯物論研究会」を「学芸発行所」として組織がえし、『唯物論研究』も『学芸』と改題し、活動を続けるも、それも終わることとなった。(4)

このように一緒に頑張った仲間たちからは、唯研における「名船長」ぶりなど戸坂に対する前向きな評価を得ることができるが、戸坂はそれだけでなく、いわゆる論敵からも同様な評価を得ている。田辺元は『回想の戸坂潤』に寄せた「戸坂君を憶ふ」(5)のなかで、以下のように述べている。「戸坂君は小生にとって実に忘れがたい友人でした。御承知の通り同君と小生とは思想上相対立し、互いに激しい議論を闘わし合ったばかりでなく、同君からは雑誌の上でしばしば鋭い批判を受け猛烈な攻撃を加えられました。しかし会うと、極めて優しく、たとい面と向かって激しい論争をやっても、一向不愉快な蟠《わだかま》りをあとに残さず、感情上の疎隔を来すようなことがありませんでした。（中略）君の攻撃にはけちくさい嫌がらせやあてこすりなどはありませんでした。それですからいかに激しい攻撃や厳しい批判を加えられても、少しも後にこだわりを残すことがなかったのです。小生は此点に、戸坂君の稀有な尊敬すべき性格を認めざるを得ませぬ。同君ほど強い、まっすぐな人はめったに無いと思います。とかく哲学をやる人にありがちな、ねちねちとした神経質というものが、同君にはなかったようです。闊達で男らしいこと稀に見るところでした。」（田辺 1976: 3-4）もちろん田辺にとって戸坂は教え子であるし、戸坂の没後でもあるので、多少美化された部分もあるかもしれない。しかしそれでもなお、田辺が感じ取った戸坂の誠実な人柄を読み取ることはできよう。

古在は、このように述べている。「あの治安維持法の主要な目的は政治活動にたいする弾圧であったけれども、同時にまた、あらゆる文化活動への弾圧をもふくむ言論および表現の自由一般の圧殺であったことはいうまでもありません。」（古在 1982: 9）治安維持法は、政治活動の弾圧であったのみならず、言論および表現の自由一般の圧殺であったという。言論および表現の自由は、常にその所在やありようを確認しなければならない。私たちにとって必ずしも自明の権利ではないかもしれない。そういう意味では、治安維持法によって殺された戸坂を私たちは常に思い返す必要がある。言論および表現の自由が危険にさらされている現代社会において、戸坂は「歴史上でよくあるあれ」ではなく、これからも常にありうることとして捉えなければならない。

戸坂の日本主義批判

現代の日本社会には、昔に戻ろうといった言説がよくあり、そしてその背景には、過去の日本を美化する思想がある。昔に戻ろうという思想と日本を美化する思想は連関しているといってよいだろう。たとえば、それは環境思想の文脈においても、縄文文化の称揚や「エコロジー的だった江戸時代」などといった言説をその代表的な例としてあげることができよう。前近代の負の側面に目を向けず、エコロジー的な側面のみ、都合よく切り取る営みはこれからの社会を考えていく思想としては貧弱であると言えるであろう。しかしながら、そういう思想は、現代日本社会への強い憤りが背景にあってこそ出てくる。近代化していくなかで失われていったものへのノスタルジーがそこにはあり、現代日本社会にある近代化における諸矛盾を強く認識しているからこそ出てくる思想である。そういった諸矛盾を、前近代的なものの回復によって解決しようとする復古主義的な姿勢を本章では取り上げたい。

　過去、日本において、上記のような復古主義が蔓延していた時代があった。その復古主義が蔓延していた時代と対峙していたのが、戸坂であった。戸坂は、その時代の復古主義を日本主義として取り上げ、批判した。その日本主義批判の書が本章で取り上げる『日本イデオロギー論――現代日本に於ける日本主義・ファシズム・自由主義・思想の批判』である。

　そもそもここでいう批判とはなにか。現代において、批判はただちに非難と結びつけられて理解されがちであるが、戸坂の理解は異なる。「更にここに批判というのは、批判されるべき対象の現実的な克服に相応する処の理論的克服のことである」（戸坂 1966: 235）とされ、批判というのは批判する対象の理論的克服を意味するのである。戸坂も述べているのだが、理論的克服はただちに現実的に克服されることを意味するわけではない。しかし、理論的な克服なしに、実際的な克服をまっとうすることもできないのではないか。

では、まず『日本イデオロギー論』において批判されるべき対象とされている日本主義とは何だろうか。『日本イデオロギー論』は書き下ろしではなく、書き下ろしの論文を含めた論文集である[6]。したがって、日本主義の規定にかかわる箇所も複数あり、必ずしもその記述が統一されているわけではないのだが、代表的な箇所を挙げると以下のようになる。「と角の議論はあるにしても、日本主義は日本型の一種のファシズムである。」（戸坂 1966: 232）「日本主義（之が今日一個の復古思想であり又反動思想なのだという点に注意を払うことを怠ってはならぬ）」（戸坂 1966: 234）。「日本主義とは、ファシズムの或る一定特殊場合に発生した一つの観念形態のことである。」（戸坂 1966: 322）すなわち、日本主義とは、反動的で、復古主義的な日本型のファシズムであると規定されていると言えよう。

また同時に、戸坂は当時の時代状況をこのように見ている。「さて、現代の日本は全く行き詰まっている、と世間では云っている。実業家や一派の自由主義者達はこういう流言に賛同しないかも知れないが、どこかで行き詰まっているから色々の愛国強力運動も発生するのだろうし、又仮にそうでなくとも色々の愛国強力運動が発生すること自身が少なくとも日本の行き詰りに他なるまい。」（戸坂 1966: 288）

このように当時のファシズムを帯びた愛国強力運動、言い換えると日本主義運動が起こる理由に日本の行き詰まりをみている。現代社会も時代の閉塞性が強調され、若者が夢を持てない、あるいは若者が夢を持たないことが悲観的に語られる。現代社会と戸坂が見た当時の日本社会にある種の類似性を見てとることができる。私たちも現代日本社会に行き詰まりを感じ、それゆえに一部のひとたちのなかで懐古主義的な言説が跋扈するに至っているのではないだろうか。そのように考えるとするならば、戸坂がその時代にどのように対峙したのかをひとつの参照点として理解しておくことは、現代社会を生きる私たちにとって重要ではないだろうか。

日本主義と自由主義

戸坂は、『日本イデオロギー論』において、日本主義哲学に対立する思想は、自由主義哲学だと思われているが、そうではないと否定する。「日本主義の哲学が実は或る意味に於て自由主義哲学の所産であり、少くとも日本主義哲学への余地を与えたものが自由主義の寛大な方法だった、ということに気がつくだろう」（戸坂 1966: 231）というように、むしろ自由主義哲学は日本主義哲学への滑りやすい坂であり、唯物論哲学こそが日本主義哲学に対抗しうる思想であることを論じている。

戸坂のいう自由主義者は、和辻哲郎（1889-1960）であり、西田幾多郎（1870-1945）であり、マルティン・ハイデガー（1889-1976）である。自由主義哲学が日本主義哲学になりえることを指摘し、唯物論哲学の立場から自由主義哲学に反省を求めるわけだが、『日本イデオロギー論』での議論はそもそもが個別の論文からなる論文集であることもあって、論点は多岐にわたるため、第一に自由主義が日本主義に転化する点、第二に日本主義は日本精神（あるいは日本的なもの）を説明しない点、第三に日本の自由主義哲学者は日本的特殊性を強調するが、その方法は西洋的である点、第四に昔に戻るのは不可能である点に絞って紹介したい。

「自由主義思想が一つの独立な論理を有つことによって哲学体系にまで組織される時、夫は広く自由主義哲学と呼ばれてよいものになるのであるが（尤もその多くのものはそういう命名法に満足しないことは判っている）、この哲学体系の根本的な特色は、その方法が多少に拘らず精練された『解釈の哲学』だということになる。」（戸坂 1966: 229）まず戸坂は、自由主義哲学の根本的な特色は、解釈の哲学にあるという。ここでいう解釈の哲学とは、「事物の現実的な秩序に就いて解明する代りに、それに対応する意味の秩序に就いてだけ語る」ことを「共通な得意な手口」（戸坂 1966: 229）とする哲学のことをいう。解釈の哲学は現実の世界について語るように見せかけて、その実は世界の単なる解釈に過ぎないという。

　これに続けて戸坂は以下のように述べている。「この解釈哲学という哲学のメカニズムは非常に広範な（寧ろ哲学的観念全般に渡る）適用の範囲を有っている。したがってこれが必ずしも自由主義哲学だけの母胎でないことは後に見る通りだが、併しここから出て来る尤も自由主義哲学らしい結論の一つは、文学的自由主義乃至文学主義という論理なのである。」(戸坂 1966: 230) さらには、「先に自由主義哲学の方法上の特徴であった例の解釈哲学が、自由主義に特有な文学主義を産む所以を見たが、之に平行して、今度はこの解釈哲学は文献学主義を産むのである」(戸坂 1966: 231) という。すなわち、解釈の哲学は、文学的自由主義ないし文学主義を産むだけではなく、それと平行して、文献学主義を産むというのである。

「文献学主義は容易に復古主義へ行くことが出来る。復古主義とは、現実の歴史が前方に向かって展開して行くのに、之を観念的に逆転し得たものとして解釈する方法の特殊なもので、古代的範疇を用いることによって、現代社会の現実の姿を歪曲して解釈して見せる手段のことだ。」(戸坂 1966: 232) なぜ文献学主義が復古主義にいたるのかは後述するとして、この文献学主義によって産み出された復古主義が、今の社会のありようを昔の考え方で解釈してしまい、今の社会のありようを歪曲してしまうということを戸坂は強調していると言える。

このように戸坂は、自由主義哲学ないし、自由主義思想の方法が解釈の哲学、ないし解釈哲学であり、それが文献学主義を生みだし、それが容易に復古主義、すなわち日本主義に転化することを主張している。(7) しかしながら、「この文献学主義自身は、もはや決して日本にだけ特有なものではない、寧ろドイツの最近の代表的な哲学が露骨な文献学主義なのだが (M・ハイデッガーの如き)。」(戸坂 1966: 232-3) このように戸坂のいう文献学主義の問題提起は、日本国内の問題だけでなく、あるいはむしろハイデガーに向けられている。

次に、戸坂は日本主義のあやふやさについて以下のように述べている。「で、日本精神主義哲学から云っても、又日本農本主義哲学から云っても、日本の特質は、それが他の国家乃至民族に較べて、勝れて精神的だという処にあるということになるらしい、凡ての日本主義が、恐らくこの日本精神主義に一応は帰着せしめられることが出来るだろう。だがそれにも拘らず、日本精神(之が日本の本質な筈だった) が何であるかは、合理的に科学的に、遂に説明されていない。それはその筈で、元来日本精神なるものは、或いは『日本』なるもの自身さえが、日本主義にとっては、説明されるべき対象ではなくて、却って夫によって何かを相当勝手に説明するための、方法乃至原理に他ならないからである。」(戸坂 1966: 294-5) このようにすべての「日本型の一種のファシズムである」(戸坂 1966: 232) 日本主義が日本精神に帰着されるのにもかかわらず、それが曖昧であって、都合よくなにかを説明するための方法ないし原理に過ぎないことを述べている。現代においても、伝統を持ち出しながらも、その伝統をはっきりと明らかにせぬままに論じている言説は多くあろう。

第三に日本主義、あるいはその源流にあたる解釈の哲学をその手法とする自由主義哲学が民族的特殊性を強調しながらもその手法がヨーロッパ哲学の手法によっているという矛盾を指摘する。

「重ねて云うが、和辻氏の倫理学は、氏のその他の一切の業績がそうである通り（風土史観、日本精神史、原始仏教、国史等等の研究)、その対象の民族的特殊性を強調し、又特に日本的乃至東洋的特殊性を強調解説することにあるのだが、それにも拘らずその研究方法或いは考察態度は、いつも欧洲哲学の支配的潮流に基いている。」(戸坂 1966: 304) そして、「ハイデッガーがドイツ語やギリシア語や又ラテン語に就いてやったことを、和辻氏は日本語や漢文やパーリ語に就いて拡張して行ったに過ぎないとも云える」(戸坂 1966: 305) と述べている。民族的特殊性、あるいは日本や東洋の特殊性を論じておきながら、その方法は、ハイデガーにおっているという和辻への強い批判が込められている。

第四の点だが、そもそも復古主義的である日本主義が主張する「昔に戻ろう」ということは、そもそも不可能であることを指摘している。「処が元来日本主義というイデオロギーを産んだこの高度に発達した独占資本主義下の現代から、資本主義一般とは著しい差異を有っている過去の封建制へ向かって志向するという、この方向がとりも直さず漠然とした復古主義なのだから、こうした封建制への意識、復古主義は、つまり社会の原始化の方向を追うことに他ならない。尤も物質的な必然性があって現在の高度の資本制にまで発達した社会を、実際に現実的に原始化することは絶対に不可能なのだが、併し少くとも観念的なイデオロギーの、領域では、そういう原始化主義は一応勝手に可能なのだし(中略) そういうことを主観的に観念的に欲することは一応勝手なのだから、その意味で、ただそしてその意味でだけ、原始化という言葉が許される。」（戸坂 1966: 325-6）私たちは近代以降、資本主義的発展を通して物質的な豊かさを手に入れてきたわけで、観念的に、あるいは頭のなかだけで、「原始化」を語るのならば勝手だが、「昔に戻る」ことは「絶対に不可能」であるという戸坂の指摘である。頭のなかで、ノスタルジーにひたることは誰にだってありえることかもしれないし、それは許される。しかし、ある意味必然性をともなって資本主義的な発展を経てきたので、それをあたかも現実的に「昔に戻る」ことが可能なように論じることの欺瞞を戸坂は暴いているのではないだろうか。

古典をどう読むか

では最後に、先に問いとしてのこしておいた、なぜ文献学主義が復古主義にいたるのかということについて検討しておこう。この問いを検討することを通して、時代と対峙するときに私たちはいかに古典を読むべきかを考えることができる。

戸坂はこのように言う。「重大なのは、現在のアクチュアリティーに向って古典を無批判的に適用することの罪である。否、もっと一般的に云えば、文献学的意義しか持たない古典を持ち出し、之に基いた勝手な結論で以て現実の実際問題を解決出来るという、故意の又無意識の想定なのである。」(戸坂 1966: 244) 私たちは、しばしば現代的課題に応答するために、古典に立ち返る。今もまさに私たちは、現代的課題に応答するために、もちろん戸坂は文献学的意義しかもたない古典ではないだろうが、戸坂潤という二〇世紀前半の人物の著作を読んでいるわけである。そのときに戸坂が注意を促しているのは、古典を現代的課題に無批判に適用することである。より具体的に、戸坂は公式化して四点指摘している。

第一、一般に言葉の説明は事物の説明にならぬ。(戸坂 1966: 245)
第二、古典は実際問題の解決の論拠とはならぬ。(戸坂 1966: 246)
第三、古典的範疇はそのままでは論理をなさぬ。(戸坂 1966: 247)
第四、古典的範疇は翻訳され得ねばならぬ。(戸坂 1966: 248)

それぞれ説明していこう。私たちが日常的に使う言葉は、言葉と現実の事物に対応しているわけだが、その言葉は歴史的に作られていった言葉である。したがって、その言葉のみを、たとえば語源からたどるなどして、説明していっても、私たちが使う言葉と現実の事物との対応関係を失うばかりである。これが第一の点である。第二に、そもそも古典は、「(一) 或る考え方や経験(実験までも含めていい) の有用な先例又は文献として、(二) 歴史的追跡のための事実又は資料として、そして最後に（三）訓練のための用具又は模範として」（戸坂 1966: 246）の用途を持っているという。したがって、古典はあくまでも参考物であって、現代の問題解決のための論拠となる使命をもってはいないし、またもってもならないのである。第三と第四の点は同時に考えることができるが、戸坂の言う範疇は「それぞれの時代の社会の歴史的条件によって現実界に対応すべく組み立てられた思考の足場」（戸坂 1966: 247）とされる。当然、その古典はその古典が書かれた当時の思考の足場を前提に書かれており、現代の思考の足場とは異なる。したがって、古典の思考の足場はそのまま現代の思考の足場とはならないし、古典の思考の足場を現代に適用しようと考えるならば、翻訳が必要なのである。このように考えてくると、さきほどの問いにも答えることができるだろう。すなわち、文献学主義が復古主義にいたってしまうのは、文献学主義は現代の事物との対応関係とたたれた言葉の説明に留まってしまいがちで、現代の思考の足場とは異なる思考の足場で現代を説明してしまうことになってしまい、いつの間に現代の話をしているつもりが過去の話をしてしまっていることになり、その結果として、過去の概念が現代にもそのまま適用かのように錯覚してしまうからである。

戸坂は、日本主義が自由主義の解釈学的手法によって産み出されたことを指摘し、そういった指摘を通して、私たちに古典を読む場合の姿勢を論じてみせたのかもしれない。私たちは、現代社会の諸問題を考えるときにもしばしば古典に頼りがちである。しかしながら、古典はあくまで思考の足場はその古典が書かれた時代にあり、現代への安易な適用はさけなければならない。

時代の閉塞性とどう対峙するか

閉塞した時代感覚と人文知への冷笑が社会を覆う現代において、戸坂の悲劇が繰り返されないことを私たちは常に意識していなければならない。戸坂の悲劇を二度と起こしてはならない。少なくとも私はそう考えるのだが、その場合、ソクラテスのように知識人が市民に対して「無知の知」を吹聴して回ることや、知識人が市民の「無知」を嘆いていても状況をさらに悪化させる可能性さえある。戸坂がまさにそうしたように、人文知や人文知の担い手は、自らの襟をただすことも同時にしていかねばならないのではないだろうか。戸坂の古典との付き合い方はそのようなことを私たちに指し示しているのではないだろうか。

先にも述べたように、批判することは、理論的に克服することであった。そして、その批判は、科学的批判でなければならないという。「統一的で包括的な科学的諸範疇・哲学的諸範疇の組織は、無論厳密に云うとただ一つしかあってはならない。（中略）そういう唯一性をもった哲学的諸範疇組織を今日、唯物論（乃至もっと説明して云えば弁証法的唯物論）と吾々は呼んでいる。」（戸坂 1966: 236）このように理論的な克服を意味する科学的批判の唯一の論理を、戸坂は唯物論と呼んでいる。「思想家は世界の科学的な批評家とでもいうものだろう。で、そういう意味での思想家は殆んど全く観念論の陣営の内には見つからないのである。世間の常識はそう聞いて不審に思うかも知れないが、それは別に不思議なことではない。元来唯物論こそが科学的批判の武器、即ち思想の武器なのだからである。処がその唯物論の内からさえ思想家らしい思想家、イニシャチティブを取る点にオリジナルな思想家はまだあまり出ていないと云ってもいい位いないのである。だがこの現状は、唯物論の道が険阻であることをこそ示せ、唯物論の思想としての資格を揺り動かすものではない。夫が現実的であり実際的である限り、思想の道はいつも険阻である。」（戸坂 1966: 413）もし戸坂の言うように、科学的批判の唯一の論理が唯物論であるとするならば、そして、現代社会が当時と類似な閉塞性や行き詰まりを見せているならば、現代社会における唯物論の思想の険阻な道を、一歩一歩進んでいく努力を戸坂から引き継いでいくべきなのかもしれない。

注

（1）戸坂潤は、「京都学派の哲学」（一九三二年）において京都学派の哲学を「西田＝田辺の哲学」（戸坂 1966）とはじめて規定し、戸坂本人は、ある意味京都学派の傍観者として、自らを京都学派から除いたと言える。一方、大橋良介は、京都学派の人脈の範囲を「西田幾多郎と田辺元、およびこの二人のもとで何らかのかたちで〈無〉の思想を継承・展開した哲学者のネットワーク」としている（大橋 2001: 13）。

したがって、大橋の理解では、三木、戸坂、あるいは九鬼周造（1888-1941）は「京都学派」の範囲を越えている。「京都学派」は、西田、田辺を中心に、西谷啓治（1900-1990）、高坂正顕（1900-1969）、高山岩男（1905-1993）、鈴木成高（1907-1988）、木村素衛（1895-1946）などがメンバーとなる。吉田は京都学派を〈近代の超克〉論と「近代の止揚」論のふたつにわけて、後者に戸坂らの唯物論研究会のメンバーを位置づけた（吉田 2011）。

（2）戸坂の著作は、『戸坂潤全集』（五巻と別巻）としてまとめられている。その他、文庫化されている著作や論文集としてまとめられている著作もある。本章で主に取り上げる『日本イデオロギー論』は、岩波文庫に収められている。本章の引用は、すべて全集版に負っている。また、岩波文庫版の『日本イデオロギー論』に付されている古在由重による「解説」も一読いただきたい。

（3）戸坂の経歴に関しては、『全集』（第五巻）所収の「戸坂潤略年譜」を参考にした。

（4）唯物論研究会の活動については石原辰郎、森宏一、古在由重、伊豆公夫、真下信一による「座談会　唯物論研究会の活動」（古在（1982）所収）を参考にした。

（5）この田辺の「戸坂君を憶ふ」は、もともと久野収に向けての私信として書かれていることを付け加えておく。

（6）戸坂は、論文集について『読書法』所収の「論文集を読むべきこと」のなかで以下のように述べている。戸坂のユーモアも踏まえて紹介したい。「それに所謂書き下し著書なるものは一種気合いの抜けた、平均された結論が先に立っているもので、著書の思考の苦心の跡は、お客さんの前に出た主人達の夫婦喧嘩のように、ケロリと片づいて見える。これでは読者は、あたりさわりのない隣人の程度を容易に出られるものではない。（中略）評論集や論文集は、併しそうではない、一篇一篇の文筆が粒粒たる苦心と混乱克服との跡である。遂に混迷に立ち佇んで終わっているものさえある。そしてこの文化的に愛敬さえある文章の一つ二つを丹念に読み、其の他の諸篇を参照しながら行くと、不思議と、或る抜け穴が見えて来るものだ。そうなれば著者の考え方と思想とは、もしも著者が文化的なロクデナシでもない限り見当がつくものだ。これで見当がつかない著者は、よほど独自な難解な人物であるのか、それとも全くナッていない作文屋であると見れば、間違いないようだ。かくて私は論文集や評論集の、学術的価値と文化的意義とを、高く尊重すべきであると結論する。」（戸坂 1967: 447-8）

（7）戸坂は「さて文献学主義が愈々日本主義の完全な用具となるのは、之が国史に適用される時なのである」（戸坂 1966: 232）と述べ、さらに「こうした古典の文献学主義的『解釈』（或いは寧ろコジツケ）を手頼って、歴史の文献学主義的な『解釈』を惹き出すことも出来る。今日の日本主義者達による『国史の認識』は殆ど凡てこの種類の方法に基いているのである」（戸坂 1966: 231）と述べている。現代の歴史修正主義が影響力をもっている状況を考える上でも参考になるのではないだろうか。

参考文献

岩倉博 2015『ある戦時下の抵抗――哲学者・戸坂潤と「唯研」の仲間たち』花伝社
大橋良介 2001『京都学派と日本海軍』ＰＨＰ研究所
尾関周二 2001「解説」、戸坂潤『科学と文学の架橋』燈影社
古在由重 1977「解説」、戸坂潤『日本イデオロギー論』岩波書店

——1982『戦時下の唯物論者たち』青木書店
古在由重・丸山眞男 2002『一哲学者の苦難の道』岩波書店
菅原潤 2018『京都学派』講談社
津田雅夫 2009『戸坂潤と〈昭和イデオロギー〉——「西田学派」の研究』同時代社
戸坂潤 1967「三木清氏と三木哲学」『戸坂潤全集　第五巻』勁草書房
——1967「読書法」『戸坂潤全集　第五巻』勁草書房
——1966「京都学派の哲学」『戸坂潤全集　第三巻)』勁草書房
——1966「日本イデオロギー論」『戸坂潤全集　第二巻』勁草書房
——1977『日本イデオロギー論』岩波書店
平林康之 2007『戸坂潤』東京大学出版会
藤田正勝 2018『日本哲学史』昭和堂
宮川透 1967『西田・三木・戸坂の哲学——思想史百年の遺産』講談社
吉田傑俊 2001「解説」、戸坂潤『戸坂潤の哲学』こぶし文庫
——2011『「京都学派」の哲学』大月書店
田辺元 1976「戸坂君を憶ふ」『回想の戸坂潤』勁草書房

［大倉茂］

アーレント——全体主義との思想的格闘

生涯と著作

二〇世紀を代表する政治理論家・思想家であるハンナ・アーレント（Hannah Arendt: 1906-75）は、一九〇六年にドイツ・ケーニヒスベルクで生まれた。マールブルク大学でM・ハイデガー、その後ハイデルベルク大学でK・ヤスパースにと、二〇世紀ドイツを代表する哲学者に師事し、一九二八年に学位論文『アウグスティヌスの愛の概念』で博士号を取得する。一九二九年には最初の夫であるG・シュテルン（アンダース）と結婚する。一九三三年、ベルリンで反ナチ活動（シオニズム運動の活動家である友人の依頼で、ナチスの反ユダヤ主義の記録を収集する作業に従事）に協力したことでゲシュタポに逮捕される。同年秋、母マルタとともにフランスへ亡命する。以降、一九五一年にアメリカの市民権を取得するまでのおよそ一八年間、アーレントは政治的にいかなる権利ももたない「無国籍者」として苦難に満ちた人生を余儀なくされることになる。しかしこの「無国籍者」としての時期こそ、彼女が政治的にもっとも活動した時期でもあった（Young-Bruehl 1984=1999: 170）。この間アーレントは、パリでユダヤ人難民のパレスチナへの移住を支援したり、反ファシスト活動家に法的援助を与える諸組織のもとで働いた。一九四〇年には生涯の伴侶となるH・ブリュッヒャーと再婚する。その後フランス政府から敵性外国人としてピレネー山麓のギュルス収容所に送られるが、同年六月のナチス・ドイツのフランス侵攻とそれに続くパリ陥落の混乱に乗じて辛くも脱出する。一九四一年、アメリカ政府発給の緊急ビザを手に入れ、母マルタ、夫ブリュッヒャーとともにフランスを出国、南フランスを抜けてスペインへ、さらにリスボンへ出てそこから船でアメリカのニューヨークへと渡る。このアメリカへの亡命の最中、フランスのマルセイユで友人で文芸評論家のW・ベンヤミンと偶然再会し、「歴史哲学に関する諸テーゼ」を含む手書きの草稿を託されている（なおベンヤミン自身はフランス－スペイン間の国境を通過することができずこの直後に自殺を遂げている）。

アメリカ亡命後は生計を立てるために、アメリカのユダヤ人やドイツからのユダヤ系亡命者のための新聞や雑誌で時事評論などの文筆活動を行う。一九五一年、ナチス・ドイツとソ連のスターリニズムを考察した第一の主著『全体主義の起原』を発表し学問的名声を博する。一九五八年には、「活動（action）」概念を中核的概念とする独創的な政治的行為論が展開された第二の主著『人間の条件』を発表する。『人間の条件』刊行以降のおよそ十年間はアーレントの学問的人生のなかでもとりわけ多産な時期であり、この間、たとえば「自由」「権力」「権威」「支配」といった政治思想における伝統的な諸概念の起源に根ざしていた「精神」を「理解」するための試論的論考集『過去と未来の間』（一九六一年）や、フランス革命とアメリカ革命の比較考察を通じて、フランス革命を頓挫させた革命の暴力性や、アメリカ革命において合衆国憲法および連邦制へと結実した「自由の創設」の意義を論じた『革命について』（一九六三年）といった重要著作を立て続けに発表している。一九六一年、イェルサレムで行われた旧ナチ親衛隊中佐A・アイヒマンの裁判を傍聴し裁判のレポートを『ニューヨーカー』誌に連載する。一九六三年に『イェルサレムのアイヒマン』と題されて出版されることになるこのレポートでアーレントは、アイヒマン裁判が、ユダヤ民族が被った受難を世界に周知しようとするイスラエル政府による「見世物裁判」（森分 2019: 205）としての性格をもつことを看取し、ユダヤ人大量虐殺の実行責任者であったアイヒマンを、狂信的で残虐な悪魔的人物などではなく、与えられた職務に忠実なだけの平凡な役人として記述した。さらには、ユダヤ人自身がナチスのホロコーストに協力した事実についても言及しており、アーレントのレポートをめぐって激しい非難と中傷が巻き起こり「アイヒマン論争」と呼ばれる大論争にまで発展していく。彼女自身この論争でみずからに向けられた誹謗中傷に応じることはなかったが、その後アーレントは、アイヒマンという人物をモデルとして、主体的に考えることを止め、善悪についての道徳的判断をも放棄してしまった「普通の市民」が犯しうる「凡庸な悪（banality of evil）」という問題について考察を深めていく。他方、政治理論家としてのアーレントのアカデミックキャリアに目を転じると、一九六三年にはシカゴ大学教授に、一九六八年にはニューヨークにあるニュースクール・フォア・ソーシャルリサーチの教授に就任している。一九七三年、スコットランドのアバディーン大学に招かれ、後に第三の主著『精神の生活』として発表されることになる講義を行う。一九七五年一二月、アメリカ・ニューヨークの自宅で心臓発作のため六九歳で亡くなる。彼女の突然の死によって、『精神の生活』は第一部『思考』と第二部『意志』だけが発表され、第三部『判断』は未完のままで終わった。彼女の机のタイプライターには、「判断」と銘打たれたタイトルとそれに続く二つの銘だけが残されていたという。

アーレントが問い続けたものとは何か――「政治」の意味をめぐって

ユダヤ系ドイツ人としてナチス・ドイツによる迫害を生き延びたこの独創的な女性思想家の思考の根底にある衝動とは、「全体主義」を「理解」しなければならないという情熱だといえるだろう。ヨーロッパを席巻したナチズムの脅威の只中で、多くの親しい友人を失い、みずからもユダヤ人として生命の危機に直面した「全体主義」という時代経験は、哲学もしくは神学の研究者を志望していた若き日のアーレントを、「政治理論家」へと変貌させた当の出来事であった。アーレントの著作全般に通底するのは、特定の人間集団を「余計者」として否定しその存在を暴力的に抹殺しようとする「全体主義」はなぜ起こってしまったのか、そして「全体主義」という時代経験を経た私たちが、それでもなお「他者とともに生きる」ことはいかにして可能なのか、という切実な問いである。そしてこの「全体主義」との思想的格闘のなかから、アーレントの思想において決定的な問いである「政治とは何か」――全体主義の台頭や東西冷戦の勃発、大衆社会状況下での政治的アパシーの増大といった二〇世紀における「政治」の破局的状況を背景に、人間的な生において「政治」という営みの意味を問い直すこと――という問題が浮上してくるのである。「政治」の意味を問い直そうとした彼女の思想のなかでも、現在、社会学や政治学等の学問領域においてもっとも重視され積極的に参照されている議論として、独創的な人間論に根拠づけられた政治的行為論である「活動」論が挙げられる。アーレントは、言葉を通じて他者に働きかける能力のことを「活動（action）」と定義し、その他の人間的な活動力との関連においてとりわけこの能力を重視している。彼女が「活動」を重視するのは、人間は「活動」を通して、「自ら進んでなにか新しいことを始める（beginning something new）」（HC: 177=288）という可能性を獲得できるからである。私たち人間は「活動」することで、「新しい人間のつながり」（佐藤 1997: 239）をたえず創出することができる。なぜ、人間は「活動」することができるのか。アーレントによればそれは、一人ひとりの人間が「始まり（beginning）」としてこの世界に「誕生」したからである。「人間は誕生（birth）によって、『始まり（initium）』、『新参者』（newcomers）、そして『創始者（beginners）』となるがゆえに、始まり（initiative）を引き受け、活動へと促される」（HC: 177=288）。アーレントは個々の人間を、「活動」を通して不断に何事かを新たに「始める」ことができる存在だという意味で「自由（freedom）」な存在として捉え、この「始まり」としての「自由」を徹底して守り抜こうとした。人間とは「始まり」として誕生したがゆえに「自由」な存在である。一人ひとりの人間が他に取り替えのきかない「かけがえのない（uniqueness）」存在であるのは、「活動」という能力を発揮し言葉でもって他者に働きかけることを通して、人びとの間に新たなつながりを創り出す――「世界を新しくする」――ことができるからである。

アーレントは、一人ひとりの人間とはひとつの「始まり」であり、それぞれが唯一無二の「かけがえのない」存在だということを積極的に肯定し、そのような人間が「活動」を通して、みずからと他者との「あいだ」（「世界」）に新たな関係性を創り出していくことに、「始まり」としての人間の「自由」の根源的な発現を見出している。この「始まり」としての「自由」の実現こそ彼女が「政治」と名づけた人間的な営為なのであり、アーレントの「政治」とは、人間の「自由」の全面的な否定のもとで成り立つ「全体主義的統治」の対極にあるのはむろんのこと、市民の「私的生活と福祉」の実現にのみ配慮する現代の民主主義的な「統治」とも本質的に異なるものである。アーレントにとって「政治」とは、個人の私的利益の実現や、党派間の集団的利益をめぐる闘争、さらには社会福祉（生活の必要性）の保障といった、通常「政治」という用語を聞いたときに私たちが想定するような政治像を意味するものではない。政治家たちが繰り広げる権力闘争も、市民の生活の必要に奉仕する行政も、彼女のいう「政治」ではないのである。

アーレントは、全体主義において顕現した人間の「自由」の全面的な否定、さらには現代の民主主義的な「統治」に見られる「自由」の縮減に抵抗して、「始まり」としての「自由」の現われを可能とする「政治」の在り様を徹底的に考え抜こうとした。そのためにアーレントは、はるか古典古代期の都市国家の政治的経験、西洋近代において勃発した諸革命、彼女自身が身をもって体験した全体主義、さらには彼女が見聞した二〇世紀の国際政治における様々な事件といった歴史的事例を縦横に参照しながら、現代社会において見失われつつある「政治」という人間的営為の本質的な意義を解明しようとしたのである。アーレントの思想、とりわけ「活動」を中核的概念とする政治的行為論から構成された公共性論は、おもに社会学や政治学等の学問領域において受容され、国家や市場経済の領域とは独立した自律的な行為領域としての公共空間を構想しようとする現代市民社会論や、民主主義社会における政治的停滞を克服するべく市民の自発的な政治参加を強調する参加民主主義論などで盛んに参照されており、現在ハンナ・アーレントといえば「公共性の思想家」であるという認識が定着しつつあるように思われる。本稿ではアーレントによる全体主義との思想的対決に着目しつつ、「公共性の思想家」という標準的な解釈とはやや異なった観点から、彼女の思想の一端を浮かび上がらせてみたい。

アーレントの全体主義論――「全体的テロル」と「イデオロギー」に着目して

一九五一年に公刊された大著『全体主義の起原』でアーレントが試みたのは、彼女の言葉でいえば、「全体主義へと結晶化された（crystallized）諸要素に歴史的な説明を与える」ことであった（REV: 403=[2] 245）。同書は「反ユダヤ主義」や「帝国主義」といった現象や言説のなかから「全体主義」へと結実していくことになる主要な要素を見出し、それらを歴史的な観点から分析することで「全体主義」の形成過程を追跡した浩瀚な研究書である。ここではアーレントが「全体主義的統治」の本質的な特徴として重視した「全体的テロル（total terror）」と「イデオロギー（ideology）」という二つの概念を整理することを通して、彼女の全体主義論を概観しておきたい。

全体主義的統治の特徴①――「全体的テロル」による「私的領域」の破壊

アーレントは、「全体主義的統治」の本質である「全体的テロル」が、伝統的な統治形態のひとつである「専制的統治」におけるテロルとは根本的に異なることを強調しながら、「全体的テロル」の特徴として以下の三点を挙げて論じている。

第一に挙げているのは、「全体的テロル」とは、全体主義的に解釈された「法」の執行を意味しており、「専制的統治」におけるテロルのように「無法」ではないということである。「全体主義的統治」は、非専制的な統治が依拠する「実定法（positive laws）」を否定するため、一見すると「無法」な統治であるように見える。しかしながらアーレントは、「全体主義的統治」の本質は、「専制的統治」と同様に「無法」という点に求めることはできないと指摘している。なぜならば、「全体主義的統治」とは「実定法」の権威の源泉である「歴史もしくは自然の運動法則（law of movement of history or nature）」に依拠するからである（OT: 464=[3] 306）。むしろ「全体主義的統治」は、「実定法」の権威の源泉である「歴史もしくは自然の運動法則」に依拠するがゆえに、「実定法」よりも高度な法的正当性をもつと主張さえする。

それでは、全体主義的に解釈された「法」の執行とは何を意味するのか。アーレントは「全体的テロル」とは、「〈劣等人種〉や〈生きるに値しない〉個人や〈死滅しつつある階級と頽廃した民族〉」に死刑の判決を下し、その判決を速やかに執行するものだと論じている（OT: 465=[3] 306）。「全体主義的統治」は特定のカテゴリーの人間集団を、「歴史もしくは自然の運動法則」の「実現」を妨げる存在として恣意的に選び出し、彼ら彼女らを「人類の敵」（foes of mankind）もしくは「客観的な敵」（objective enemy）と指定して排除しようとする。「全体的テロル」とは、端的にいえば、「全体主義的統治」が人民に行使する仮借なき「暴力」行為である。それは、「人びとの幸福もしくは一人の人間の利益をはかることではなく、人類の製作（fabrication of mankind）を最終目標とする一つの運動法則（law of movement）の執行」であり、「人類（species）のために個人（individuals）を滅ぼし、〈全体〉のために〈部分〉を犠牲にする」（OT: 465=[3]307）。ここには実定「法」を否定し、「歴史」もしくは「自然」の運動「法則」そのものを「法」と見なす全体主義的な「法」解釈の異常性が存在する。

第二に挙げているのは、「専制的統治」におけるテロルとは異なり、「全体的テロル」には明確な終わりが存在しないということである。「全体的テロル」は体制への反対派、つまり政治的な敵対者が根絶されてもなお終息せず、それどころかより一層拡大するという特徴をもつ。この第二の特徴から、アーレントはさらに恐るべきことに言及している。それは、「体制の容疑者にも敵にも向けられていないテロルは、何も間違ったことを行なっていない人びと、自分がなぜ逮捕され、強制収容所（concentration camps）へ送られ、あるいは粛清されるのかを文字どおり知らない人びと、絶対的に無辜の人びとにだけ向かう」ということである（MT: 299=111）。「全体的テロル」とは、テロルの対象となる新たなカテゴリーの犠牲者を不断に要請するのである。

第三に挙げているのは、「全体的テロル」は「私的領域」、すなわち人間の個人的な能力や私的な関係性を破壊するということである。ここでもアーレントは、「専制的統治」と区別する必要を強調しながら、「全体主義的統治」の特徴を、「全体的テロル」に基づいた「私的領域」への容赦ない介入という点に見出したうえで次のように論じている。

孤立と無力、すなわちそもそも行動する能力を根本的に欠いているということは、これまでずっと専制の特徴だった。……しかし人間間の関係のすべてが絶たれ、人間のすべての能力が破壊されるわけではない。経験すること（experience）や物を作ること（fabrication）や考えること（thought）の能力を含めて私的領域（private life）はそっくり無疵のまま残っているのだ。しかし私たちは、全体的テロルの鉄の箍（iron band of total terror）がそのような私的領域の存在する余地を残さず、全体主義的論理の自己強制（self-coercion of totalitarian logic）は人間の行動能力と同じくらい確実に経験と思考の能力をも破壊してしまうことを知っている。（OT: 474=[3] 318）

アーレントによると、「専制的統治」とは、人間の政治的な行為能力（「活動」）やそれらの行為が発揮される空間（「公的領域」）を破壊し、市民相互の政治的連帯を遮断することで、人びとを「孤立（isolation）」させ、政治的に「無力（impotence）」な状態へと貶めるが、「私的領域」をも破壊しようとは企てないという。そのため「専制的統治」のもとでは、政治的な「孤立」と「無力」という代償を払いながらも、人びとはまだ「人間の営為としての世界と接触を保っている」(OT: 475=[3] 319)。ここで彼女は、「私的領域」を、「製作」や「思考」といった個人に備わる能力や、「誕生や死……また友情とか共感とか愛など」の私的な関係性を通じて、「われわれの一人一人が他人に真似のできない、変えることのできない、その人だけの独自性(each of us is made as he is――single, unique, unchangeable)」(OT: 301=[2] 288)を育むことができる生活空間として捉えている。「全体主義的統治」とは、「全体的テロル」を通じてこの「私的領域」さえも徹底して破壊しようと企てる点で前例のない統治形態なのである。

全体主義的統治の特徴②――「イデオロギー」の内的強制による「思考」の麻痺

しかしながらアーレントは、人間の「全体的な支配」を貫徹させるための統治手段として見た場合、「全体的テロル」による暴力の行使だけでは不十分であるとも論じている。なぜならば、「全体的テロル」とは「人間の行為を指示し導くのに充分なものではない」からである(OT: 467=[3] 309)。「全体的テロル」が割り当てた役割を人びとが演じる際に、その「行為の原理(principle of action)」となりうるのが「イデオロギー(ideology)」である。彼女は、「被統治者の行動をみちびくために全体主義的支配(totalitarian rule)が必要とすることは、彼らの一人一人が執行者の役も犠牲者の役も演じられるように準備させること」であり、「行動原理の代用品となるこの二つの面での準備がイデオロギーなのだ」と指摘している（OT: 468=[3] 310-11）。

アーレントは「イデオロギー」の特徴を三点挙げているが、この点について佐藤和夫が簡潔に整理しているので参照しておきたい。「イデオロギー」とは、第一に、「全体を説明するものとして、生成し運動するもの」であり、とりわけ「歴史」に適用されることによって、「すべての歴史的事件を説明しつくすこと」ができるものである。第二に、「イデオロギー的思考（ideological thinking）」は、「一切の経験から独立し」、「われわれの五官によって知覚される現実から解放する」ので、「起きたこと、経験からなにか新しいことを知るということがなくなってしまう」。第三に、あらゆる歴史的事件を説明し、五感が知覚する現実から人間を解放する「力」をもつ「イデオロギー」とは、「ある種の論理、演繹によって首尾一貫した説明をしようとする傾向」をもつ（佐藤 2017: 204-05; OT: 470-1=[3] 313-14）。

「イデオロギー」の危険な特徴として、アーレントがとくに強調しているのは第三の点である。「全体主義的統治」における「イデオロギー的思考」の脅威とは、ある前提から推論が行われる際の極めて厳格な「首尾一貫性」と、その帰結として「すべての推論を現実に変えてしまう一切の現実体験を無視した結論」にある。つまり「全体主義的統治」は、「イデオロギー」から生み出された「超意味（supersense）」を唯一無二の「真理」と見なし、このイデオロギー的な「超意味」

を実現するために、「現実」を否定しそれを「イデオロギー」に適合的なものへと造り替えようとする（OT: 457-58=[3] 263）。このような「イデオロギー」の特徴をふまえたうえで、ここでは、「イデオロギー」が「思考」という「人間の内的な能力としての自由（freedom as an inner capacity of man）」を麻痺させるという次のようなアーレントの論述に着目しておきたい。

全体主義的支配者といえどもなおある程度の民衆動員を必要とするが、この動員のために彼らは、われわれが自分に加えることのできるこの強制（「イデオロギー」の内的強制――筆者補足）に頼るのである。……論理性の専制は、人間が自分の思想を生み出すときに頼る無限の過程としての論理に精神が屈服するときにはじまる。人間は外的な専制に対して頭を下げるときに運動の自由（freedom of movement）を放棄するが、それと同様にこの論理への屈服によって人間は内的な自由（inner freedom）を放棄するのだ。（OT: 473=[3] 317）

アーレントは、「思考」とは、あらゆる人間の行為のうちでもっとも自由で純粋な能力であり、それゆえに、ある前提から始まり独断的な一連の論理の連鎖からなる「イデオロギー」とは正反対のものだと主張している。しかし「イデオロギー」の内的強制、すなわち「イデオロギー的思考」と「全体主義的統治」における「論理性の専制」は、人びとがもつ「思考」の能力を麻痺させることで、全体主義が提供する「イデオロギー」に追従する人間を造り出すのである（OT: 474=[3] 317-18）。

このように「全体主義的統治」は、「全体的テロル」と「イデオロギー」を駆使し、「専制的統治」のもとでは手つかずのままだった「私的領域」をも破壊することで、あらゆる人間関係を荒廃させ、人間のすべての行為能力を麻痺させ破壊する。それでは、「全体的テロル」の行使と「イデオロギー」の強制によって特徴づけられる「全体主義的統治」の「目的」とはいったい何か。アーレントによればその「目的」とは、「自由な思考と行為ができる存在者としての人間を余計者（superfluous）に」することだという（ONT: 354=180）。「全体主義体制は人間に対して専制的な支配ではなく、人間をまったく無用にするようなシステム（system in which men are superfluous）を造りあげよう」としたのであった（OT: 457=[3] 261）。そしてこの「目的」を実現するために考案された「システム」こそが「強制収容所」だった。彼女は、「強制収容所は人間の全体的支配（total domination）の実験室にほかならない」と指摘している（STSC: 240=37）。それは、「人びとを反応の束になるよう訓練し、人びとをパヴロフの犬（Pavlov's dog）のように振舞わせ、人間の心理から自発性（spontaneity）を跡形もなく消し去る実験室」だった（STSC: 242=40）。人間の「全体的支配」の実験室である「強制収容所」は、「個人の単なる存在のなかにもかかならずあらわれて来る自発性をことごとく取除く」ことで、思考と行為の能力をもつ「自由」な人間を、「いつでも殺すことができ、そして、同じ行動をする他の反応の束と取替えることができる人間動物の標本（human specimen）」に造り替える（OT: 457=[3] 260）。「強制収容所」において人間は、「例外なしに死にいたるまで唯々諾々と反応を――反応のみを――つづけるパヴロフの犬のように振る舞う、人間の顔をもった不気味な操り人形」（OT: 455=[3] 258）になり果てるのだが、「このパヴロフの犬こそ全体主義国家の〈市民〉のモデル」なのである（OT: 456=[3] 260）。

「個人の内奥の領域」としての「私的領域」の存立意義について

「全体主義」は、「全体的テロル」と「イデオロギー」によって、人びとが意見し行為するための「公的領域」だけでなく、家族生活の領域や親密圏といった「私的領域」さえも破壊しようとする。「全体主義のなかで人は、ともに意見し行為する空間がないという以前に、個人として思考し行為し始める内的能力そのものを、イデオロギーとテロルによって奪われて」しまうのである（高橋 2013: 87）。このような人間存在そのものの危機的状況において、それでもなお「全体主義」に抵抗するための根拠となりうるものとは何か。

この点を考えるうえでのひとつの手がかりは、『全体主義の起原』末尾に見出される、「見棄てられていること（loneliness）」が単独であること（solitude）に代わり、論理（logic）が思想（思考thought）に替わるほんのわずかな可能性」（OT: 478=[3] 323）についてである。ここでアーレントは、人間の行為のなかでもっとも自由で純粋な能力である「思考（思想）」が、独断的な論理の連鎖から構成された「イデオロギー」の強制力に抵抗する可能性を示唆している。そのうえで「思考」を通して実現される「単独であること」とは、少数の哲学者たちにのみ開かれた可能性などでは決してなく、潜在的にはあらゆる人間に開かれた可能性だと強調している。彼女にとって「思考」することとは、「人間の内的な能力としての自由（freedom as an inner capacity of man）」の現われなのであり、それは「新しいことを始めるという人間の偉大な能力（great capacity of men to start something new）」のひとつなのである。あらゆる人間が潜在的に備えている「思考」の能力こそは、「論理性の専制」、すなわち「全体主義的統治」による「イデオロギー」の論理的強制力に対抗しうるものなのである（OT: 473=[3] 317）。だれもがいつでも「自由」に「思考」を「始める」ことができるという、個人としての人間に備わる「内的な自由」の発現こそは、「自由」な人間を無用な存在に造り替えようとする「全体主義」にとって不断の脅威だといえる。「思考する個人」は、「イデオロギー」の論理的強制力に抗い、「全体主義」のもとで成り立った現実世界を無視した虚構の世界の存立を疑う存在である。ここでアーレントは、「全体主義」が「全体的テロル」と「イデオロギー」の強制をもって、人びとの「活動」する能力や「公的領域」のみならず、家族生活や親密圏といった「私的領域」を破壊しようとも、「思考」の能力に内在する個人的な自発性までも完全に根絶することはできないと強調しているのである。そして彼女はこのような「思考」の能力を培うことができる不可侵の「個人の内奥の領域」を意味するものとして、家族生活や親密圏とは区別された位相において「私的領域」を肯定的に捉えている。全体主義批判という観点から、アーレントにとって「私的領域」とは、「思考の活動（activity of thinking）」のための不可欠の条件である「単独であるための空間（space of solitude）」（Berkowitz 2010: 239）として、「全体主義」が強要する「イデオロギー」の論理的強制力に抵抗する「思考する個人」のための在処として根本的に重視されているのである。

ただし、「個人の内奥の領域」としての「私的領域」を確保することは、「全体主義」のもとではきわめて危険でありなおかつ困難だということも指摘しておかなくてはならないだろう。そもそも「全体主義」によって、家族生活の領域や親密圏は破壊され、「私的領域」はもはや「個人の内奥の領域」としてしか存立しえないほど窮地に立たされている。しかも「私的領域」は、「思考する個人」の在処である「個人の内奥の領域」として存立することで、「全体主義」に対する「個人的」抵抗の拠点となりうる一方で、依然としてそこは、自身及び家族の生存に関わる配慮という私的な関心事に支配された生活空間でもあり、政治的な危機状況のもとでは、いずれを優先するべきかをめぐって深刻な葛藤が生じる現場でもある。「全体主義」のもとでの「抵抗」と「生存」をめぐる葛藤については、アーレントも十分に論じておらずこれ以上考察できないが、彼女の全体主義批判の論理には、「全体主義」に対する「政治的」抵抗の方途を探究する「公共性」論のみならず、「全体主義」に対する「個人的」抵抗の拠点となりうる「個人の内奥の領域」の意義を重視する独自の「私的領域」論が存在していたことを提起しておきたい。

アーレントにドイツからの亡命を決意させたものとは何か――「同調」の問題

一九六四年の「ガウス・インタビュー」で、フランスへの亡命を決意した一九三三年の経緯について質問された際に、亡命の理由としてアーレントが挙げたのは、「ヒトラーの政権掌握」という政治的事件の衝撃ではなく、ドイツ市民が自らの社会的地位の保全や就職のために行った、ナチス支配への広範な服従を意味する「均制化（Gleichschaltung ; co-ordination）」であった（CG: 11=16）。しかも、「ナチスに迎合した知識人のなかには、フランクフルト学派の代表的左派知識人でありながら、自らがユダヤ系の出自であることを隠そうとしたアドルノや、彼女自身が一時期恋愛関係にあったといわれるハイデガーら、『彼女の友人や信頼していた人びと』も数多く含まれていた」（佐藤 2017: 172-73）。ナチスに自発的に「同調（coordination）」した知識人に対する深い失望感こそ、アーレントにドイツからの亡命を決心させた根本的な理由だったが、彼女は、友人たちの「裏切り」の背景に「真の道徳的な問題」の所在を見出し次のように述べている。

ナチスの犯罪を一般的な形で道徳的に非難しようとする際に忘れてならないのは、真の道徳的な問題が発生したのはナチス党員の行動によってではないということです。いかなる信念もなく、ただ当時の体制に「同調した（coordinated）」だけの人々の行動によって、真の道徳的な問題（true moral issue）が発生したことを見逃すべきではないのです。（SQMP: 54=68-9）

アーレントは、みずからの友人であったドイツ社会の知識人たちや「普通の」市民たちが、「まったく強制もされないのに、ナチス体制に同調して……社会的な地位に伴っていた道徳的な信念を、あたかも一晩のうちに葬り去った」（SQMP: 54=68）点に、ナチス体制のもとで発生した「真の道徳的な問題」を看取している。彼ら彼女らは、ナチス党員でもなければナチスが提唱した教義も信じてはいなかった。それにもかかわらず、みずからの社会的地位の保全や就職のために、それまでのドイツ社会に根ざしていた道徳的な規範をやすやすと手放してしまったのである。しかもアーレントは、ドイツ社会における道徳的秩序の崩壊という事態は、ナチス体制が崩壊した戦後のドイツ社会でも再度発生したと指摘している。ナチスの敗北後、人びとはまるでなにもなかったかのように、「通常の道徳性（normality）へと唐突に回帰した」（SQMP: 54=69）からである。戦後ドイツ社会における「通常の道徳性」への回帰とは、一見すると、ナチス体制以前のドイツ社会に根ざしていた「社会慣習」の「回復」を意味しており、そこに道徳的な問題など存在しないように見える。しかしながらアーレントは、大多数の人びとがあたかもナチス体制など存在しなかったかのように、体制に自発的に「服従」したという過去の出来事を「忘却」したうえで「通常の道徳性」へと回帰していった点に、ナチス体制下での「同調」と同根の深刻な道徳的問題を見出したのである。「わたしたちは、『道徳的な』秩序の全般的な崩壊を、一回だけではなく、二回、目撃したのだといわざるをえません」（SQMP: 54=69）。

二度に及ぶドイツ社会での道徳的秩序の崩壊が明らかにしたのは、政治的な危機状況における「社会慣習（mores）」としての「道徳性（morality）」の脆弱性であった。ナチス体制において、「道徳性」とは、「たんなる習俗の集まり（mere set of mores）」に崩壊してしまい、恣意的に変えることのできる慣例、習慣、約束ごとに堕して」しまったのである（SQMP: 54=69）。G・ケイティヴが指摘したように、「社会慣習」としての「道徳性」とは、「通常では正常な社会において守られている社会規範への順応（conformity）から、少数者が造り上げた全体主義的な悪のシステムのイデオロギー的な熱狂を受け入れ促進さえする服従（conformity）へと容易に転換」してしまうのである（Kateb [2007]2010: 355）。アーレントは、この道徳的な問題に対する責任は、「犯罪者にではなく、ごく普通の人びと（ordinary people）」（SQMP: 54=69）にこそあると強調したのである。

ところで彼女は、「大多数の」人びとが「同調」する一方で、ナチスの犯罪行為に加担するのを拒んだ「ごく少数の」人びとが存在していたことにも注目して次のように論じている。

道徳が崩壊したナチス時代のドイツにも、ごく少数ではありますが、まったく健全で、あらゆる種類の道徳的な罪をまぬがれていた人々がいました。……これらの人々は、たとえ政府が合法的なものと認めた場合にも、犯罪はあくまでも犯罪であることを確信していました。そしていかなる状況にあれ、自分だけはこうした犯罪に手を染めたくないと考えていたのです。……こうした人々の良心（conscience）は義務という性格はおびていませんでした。「わたしはこんなことをすべきではない（This I ought not to do）」と考えたのではなく、「わたしにはこんなことはできない（This I can't do）」と考えたのです。（SQMP: 78=95-6）

アーレントは、これらの人びとは「世界の改革も変革も目指さない」ために、「英雄（heroes）」でも「聖者（saints）」でもなく、それどころか、「権力（power）」が重視される世界では、こうした人々は無力な人（impotent）」でしかなかったと述べている（SQMP: 79=97）。しかしながら彼女は、「わたしにはこんなことはできない」と考えてナチス体制に「同調」することを拒んだこれらの人びとこそ、「道徳的に唯一信頼できる人びと（morally the only reliable people）」であり、「道徳的な人格のある人（moral personalities）」だと主張している（SQMP: 78-9=96-7）。これら「ごく少数の」人びとと、ナチスに「同調」した「大多数の」人びとの違いとは何か。なぜこれらの人びとはナチスの犯罪行為への加担を拒むことができたのか。一九六〇年代に考察された一連の道徳哲学論でアーレントは、「全体主義」に対する抵抗の方途を探るうえで、自覚的で能動的な「抵抗者」の「政治的な」行為だけではなく、「こんなことはできない」という「良心」に発する「個人的な」行為に着目し、それをたんなる主観的な選択としてではなく、道徳的な「原理」に基づいた行為として捉え直そうとしたのである。

「自己に根ざした根」をもつこと――「思考する個人」の立ち現われ

ナチスに「同調」した「大多数の」人びとと著しい対照をなす「ごく少数の」人びとは、なぜナチスの犯罪行為への加担を拒むことができたのか。アーレントは、「大多数の」人びとによって「無責任」だと非難されたこれらの人びとは、「何もする力がない（powerlessness）」という政治的な危機状況のもとでも、「みずからとともに生きること」を知っていた数少ない人びとだったと主張している（CR: 156=205）。これらの人びとは、「わたし」と「自己」との間で交わされる「無言の対話」としての「思考（thinking）」の活動に携わることができた人びとだった。ここではアーレントのいう「思考」の特徴について以下の三点を確認しておきたい。

第一に指摘したいのは、アーレントは古代ギリシアの哲学者ソクラテスの命題を参照しながら、「思考」という行為を、「わたしとわたしの自己との間で沈黙のうちに交わされる対話（silent dialogue between me and myself)」(SQMP: 93=113) として性格づけている点である。「思考」することとは「みずからとともに生きること (living-with-myself)」(SQMP: 97=118) と同義であり、しかも「わたし」と「自己」との間で交わされる「無言の対話」としての「思考」とは、「人間の生活でごく自然に必要となるもの」であり、それゆえ、「数少ない人びとの特権ではなく、すべての人につねに存在する能力」だということを彼女は強調している (TMC: 187=241)。

第二に指摘したいのは、「思考」がその「副産物 (byproduct)」として「良心 (conscience)」を生み出すという点である (TMC: 189=242)。アーレントが主張しているのは、「わたし」は、「思考」の対話を行なうためのパートナーとして「自己」という「他者」を必要とする以上、「わたし」は「自己」と「調和」してともに生きなければならないということである。彼女にとって「思考」する人間とは、「なにが起ころうとも、わたしたちは生きるかぎり、自分のうちの自己 (ourselves) とともに生きなければならないことを知っている人々」を意味する (PRUD: 45=56)。この点について亀喜信は、アーレントがいう「良心」とは、「自分が生きる意味にこだわり、自分自身に誠実であること」を意味するものであって、「良心」に従うこととは、「単に社会規範に従うこと」ではなく、「それをすれば自分の生の意味を否定せざるをえないような行い、自分で自分を軽蔑せずにはいられないような行いは拒絶」することだと解釈している (亀喜 2010: 150)。

第三に、とくに重要な論点として指摘したいのは、「思考」とは、人間がみずからを固有の「人格」をもった「個人」として形成するために不可欠の能力だという点である。この点についてアーレントは、「思考」と「記憶（remembering）」の関連性をとりわけ重視している。彼女によると、「思考」と「記憶」は、「人間が〈根〉（roots）をもち、わたしたちの誰もが異邦人として訪れるこの世界に、自分の場所を占めるための方法」であるという。「ある人間をたんなる人間ではなく、また誰でもない者でもなく、個人（person）や人格（personality）と呼ぶものは、現実にはこの思考という〈根〉をもつプロセス（root-striking process of thinking）から生まれるのです」（SQMP: 100=122）。人間は、「思考」し「記憶」することを通して、「自己に根ざした根（self-grown roots）」をもつことで、「みずからとともに生きていかなければならないこと」を知るのであり、なおかつ、「みずからが為しうると考える行為には限界がある」ことも知ることができる。人間とは、「思考することで誰か（somebody）に、何らかの人物（person）または人格（personality）になる」存在なのである（SQMP: 105=127）。このように、「思考」と「記憶」の関連性を論じたうえで、アーレントは、ナチス体制で犯された悪が「誰でもない人（nobodies）によって、すなわち人格であることを拒んだ人によって実行された」（SQMP: 111=133）ことを指摘している。

最大の悪者とは、自分のしたことについて思考しないために、自分のしたことを記憶していることのできない人、そして記憶していないために、何をすることも妨げられない人のことなのです。……最大の悪は根源的なもの（radical）ではありません。それには〈根〉（roots）がないのです。根がないために制限されることなく、考えのないままに極端に進み、世界全体を押し流すのです。（SQMP: 95=115）

アーレントによれば、ナチスの犯罪者とは、「自分が何をしているのかをみずから思考すること（to think by themselves）を拒んだ悪人」であり、「過去に立ち返って自分のしたことを思い出すこと（remember what they did）を拒んだ悪人」であった。彼らは「思考」し「記憶」することを拒むことで、みずからを「人格」をもった「ひとかどの人物（somebodies）」として構築することに失敗したのである（SQMP: 111-12=133-34）。彼女から見れば、ナチス体制に「同調」した多くの「普通の」人びとも、体制のもとで自分がいったいどのようなことに加担しているのかについて「思考」せず、なおかつ戦後に自分が何をしたのかを「記憶」もしなかった点で、みずからを固有の「人格」をもった「思考する個人」として確立することに失敗した人びとだったといえる。とりわけ邪悪な意図や目的を抱いていたわけではないものの、「思考」も「記憶」もなさず、それゆえ「自己に根ざした根」をもたない「誰でもない」人間たちが、「考えのないままに極端に進み」ナチス体制が推し進めた犯罪に加担していった点に、アーレントはナチス体制で現出した「無制限で極端な悪（limitless, extreme evil）」（SQMP: 101=122）の本質を見出したのである。

「思考する個人」がもつ「力」について

アーレントは、私たちが日常生活を営むうえで準拠している「社会的な慣習（conventions）、規則（rules）、基準（standards）」といった諸々の規範を「思考」のプロセスにおいて検討すると、じつはそれらは、私たちが想定しているほど「頼りになるものではない」ことが明らかになると指摘している。それどころか、「緊急の際にはこうしたものに依拠するのは愚かしいこと（foolhardy）」であるとさえ述べている（SQMP: 104=125）。戦前戦後と二度にわたるドイツ社会での道徳的秩序の崩壊を目撃したアーレントにとって、政治的な危機状況のもとで頼りになる道徳的な規範が「社会的な慣習」でないことは明らかだった。これに対して彼女が提示しようとしたのが、「自己（self）を道徳的なふるまいの究極の基準（ultimate criterion of moral conduct）」とする「ソクラテス的道徳（Socratic morality）」であった（SQMP: 104=125）。アーレントは、「ソクラテス的道徳」を、「緊急事態において機能する唯一の道徳」として捉え、これを「社会的な慣習」としての道徳と対置している。彼女が「ソクラテス的道徳」を重視するのは、それが、「もはやどんな道徳的な基準もなくなった状況」でも、「自己」を道徳的なふるまいの基準に据え、「自己」との内的対話としての「思考」を通して、社会的に通用している慣習、規則、基準といった諸々の規範を批判的に検討するよう人びとを導くからである（SQMP: 106=128）。ナチスの「不正な法」に従うことを拒んだ「ごく少数の」人びとは、「自己」を基準とした「ソクラテス的道徳」に基づき「思考」することで、大多数の「普通の」人びとが無自覚のままに内面化した、ナチス体制で通用していた「社会的な慣習」を批判的に吟味した結果、これらの規範に従わないことをみずから「判断」しえた人びとだったのである。「政治的生活に関与しなかった人びと（nonparticipants）は、大多数の人びとからは無責任と非難されたのですが、あえて自分自身で判断しようとした（judge by themselves）唯一の人びとだったのです」（PRUD: 44=54）。

だが、ここでアーレントがいう「判断」とは、個人の「道徳的判断（moral judgements）」を指しており、晩年の彼女が主題的に取り組むことになる「政治的判断力（political judgement）」と必ずしも同じものではないことに注意する必要があるだろう（CR: 156=205）。ナチス体制に「同調」することを拒んだこれらの人びとが行使した「判断」とは、「自己」との内的対話としての「思考」に基づいた「道徳的判断」として、あくまでも「私的な」形態で行使されたのであって、「公的な」形態で現われたわけではなかった。さらにいえば、これらの人びとは、みずからの「道徳的判断」に基づく体制への「不服従」が何をもたらすのかに気づいていたわけでもない。これらの人びとは「抵抗者（resisters）ではなく、自分の姿勢が政治的な影響をもたらすとは信じていなかった」（CR: 155-56=204）。しかしながらアーレントは、人びとが政治的に無力化されるという危機的状況での「道徳的判断」に基づいた個人的な行為――それは往々にして、「公的な生活に参加することを拒んで退きこもる（withdrawal）」（CR: 155=204）こととして現われる――には、潜在的な「力（power）」が存在することも指摘しつつ次のように述べている。

……独裁体制のもとで公共生活に参加しなかった人びとは、服従という名のもとにこうした支援が求められる「責任（responsibility）」のある立場に登場しないことで、その独裁体制を支持することを拒んだのです。十分な数の人びとが「無責任に（irresponsibility）」行動して、支持を拒んだならば、積極的な抵抗や叛乱なしでも、こうした統治形態にどのようなことが起こりうるかを、一瞬でも想像してみれば、この〈武器〉がどれほど効果的であるか、お分かりいただけるはずです。二〇世紀に発見されたのは、こうした非暴力行為と抵抗のさまざまな形式（many variations of nonviolent action and resistance）なのです。たとえば、市民的な不服従（civil disobedience）のもつ力（power）をお考えください。（PRUD: 47-8=58）

上記の論述においてアーレントは、「道徳的判断」に基づいた個人的な「不参加（不服従）」が、たとえ体制への組織的な抵抗や反乱といった「公的な」形態で現われなくとも、「十分な数の人びとが『無責任に』行動して、支持を拒んだならば」、時として、政治的にも有効な抵抗の一形態をとりうることがあると指摘している。しかもこれに関連して、ナチスに「同調」した「大多数の」人びとが提起した「自分の周囲で起きていることに手を貸すことを拒んだこうした人びとを無責任だと咎める非難」（PRUD: 45=56）に反論しながら、次のようにも述べている。

わたしは、世界に対する責任というもの、この何よりも政治的な責任（political responsibility）というものを、もはや負うことができなくなる極限的な状況というものが、起こりうるということを認める必要があると思います。……政治的に無力であること（impotence）、何もする力がないこと（powerlessness）は、公的な事柄に関与しないことの言い訳としては妥当なものだと思います。（PRUD: 45=56）

アーレントは、公的な事柄への関与が「殺人」という犯罪行為への加担を意味するような「極限的な状況」では、政治的に「無力」であり、「何もする力がない」ことをみずから認める必要があり、そのことが、「どれほど絶望的な状況にあっても、強さ（strength）と力（power）をわずかながらも残すことができる」と主張している。そして、みずからの「力のなさ（powerlessness）」を認識するためには、「ある種の道徳的な特質（moral quality）」が、すなわち「幻想のうちに生きるのではなく、現実（realities）と直面するための善き意志（good will）と善き信念（good faith）」

が必要だと強調している（PRUD: 45=56）。ここで彼女が述べている「道徳的な特質」とは、まさに、ナチス体制に「服従」することを拒んだ「ごく少数の」人びとが体現していたものだといえる。不正な体制のもとで政治に関与しないという態度を表明することには、みずからの政治的な「無力さ」を率直に認めるとともに、「現実と直面するための善き意志と善き信念」をもつという個人的な「強さ」が要請される。「英雄」や「聖者」でもなければ、「抵抗者」でもなかったこれら「ごく少数の」人びとが示した悪に対する「個人的」抵抗とは、「緊急時に要請される道徳的な行為とは何かということを他者の眼に劇的に表現する」ことで、「悪や犯罪行為への加担を拒む、より規模の大きな不服従が現われるのを鼓舞する」（Kateb [2007] 2010: 361-62）がゆえに、それは潜在的には「政治的」といいうる「力（power）」を宿す行為だったといえるのである。

参考文献

アーレント 2002／J・コーン編 齋藤純一ほか訳「社会科学のテクニックと強制収容所の研究」『アーレント政治思想集成 2 理解と政治』みすず書房〔初出は一九五〇年〕（略号：STSC）
―――― 1981 大久保和郎・大島かおり訳『全体主義の起原 新装版 2・3』みすず書房〔初出は一九五一年〕（略号：OT）
―――― 2002／J・コーン編 齋藤純一ほか訳「人類とテロル」『アーレント政治思想集成 2 理解と政治』

みすず書房〔初出は一九五三年〕（略号：MT）

——2002／J・コーン編 齋藤純一ほか訳「エリック・フェーゲリンへの返答」『アーレント政治思想集成２理解と政治』みすず書房〔初出は一九五三年〕（略号：REV）

——2002／J・コーン編 齋藤純一ほか訳「全体主義の本性について——理解のための試論」『アーレント政治思想集成 2 理解と政治』みすず書房〔初出は一九五四年〕（略号：ONT）

——1994 志水速雄訳『人間の条件』ちくま学芸文庫〔初出は一九五八年〕（略号：HC）

——2007／J・コーン編 中山元訳「独裁体制のもとでの個人の責任」『責任と判断』筑摩書房〔初出は一九六四年〕（略号：PRUD）

——2002／J・コーン編 齋藤純一ほか訳「何が残った？ 母語が残った——ギュンター・ガウスとの対話」『アーレント政治思想集成 1 組織的な罪と普遍的な責任』みすず書房〔初出は一九六五年〕（略号：CG）

——2007／J・コーン編 中山元訳「道徳哲学のいくつかの問題」『責任と判断』筑摩書房〔初出は一九六五—六六年〕（略号：SQMP）

——2007／J・コーン編 中山元訳「集団責任」『責任と判断』筑摩書房〔初出は一九六八年〕（略号：CR）

——2007／J・コーン編 中山元訳「思考と道徳の問題——W・H・オーデンに捧げる」『責任と判断』筑摩書房〔初出は一九七一年〕（略号：TMC）

Berkowitz, Roger, 2010, "Solitude and the Activity of Thinking," in Berkowitz, Roger, Katz Jeffrey, and Keenan,

Thomas, eds., Thinking in Dark Times: Hannah *Arendt on Ethics and Politics*, Fordham University Press.
Kateb, George, [2007] 2010, "Existential Values in Arendt's Treatment of Evil and Morality," in Benhabib, Seyla, ed., *Politics in Dark Times: Encounters with Hannah Arendt*, Cambridge University Press.
Young-Bruehl, Elisabeth, 1984, *Hannah Arendt: For Love of the World*, Yale University Press.（=1999，荒川幾男・原一子・本間直子・宮内寿子訳『ハンナ・アーレント伝』晶文社）
井上達郎 2018「アレント『私的領域』概念における『個人的なもの』の位相――全体主義論から道徳哲学論へ――」『立命館産業社会論集』第54巻第2号
亀喜信 2010『ハンナ・アレント――伝えることの人間学』世界思想社
佐藤和夫 1997「かけがえのなさの思想家としてのアーレント――『アーレント・ルネッサンス』と現代文化」『唯物論研究年誌』第2号
――2017『〈政治〉の危機とアーレント――『人間の条件』と全体主義の時代』大月書店
髙橋若木 2013「プライベートな『現れ』――アーレントを今読む意味」『理想』第690号
中山元 2017『アレント入門』ちくま新書
森分大輔 2019『ハンナ・アーレント――屹立する思考の全貌』ちくま新書

［小森（井上）達郎］

シューマッハー——経済的な基準と価値を超えるもの

生涯と著作

経済学者で哲学者でもあり、理論家で実践家でもあった、エルンスト・フリードリッヒ・シューマッハー（Ernst Friedrich Schumacher）は、一九一一年にドイツのボンで生まれ、イギリスで人生の大半を過ごし、一九七七年にスイスで客死した。一四世紀以来、ブレーメン市長を務めてきた家系にあり、祖父は外交官でコロンビア大使、父はボン大学の経済学教授であった。シューマッハーは同大学でJ・A・シュンペーターに、ケンブリッジ大学でJ・M・ケインズに、コロンビア大学でP・ウィリスに師事し、同大学では二三歳の若さで教鞭を執ったが、その後、アカデミズムから離れ、実業家に転身した(1)。

一九三四年にドイツへ帰り、一九三六年にA・M・ペーターゼンと結婚するが、ナチス政権の台頭下、一九三七年にイギリスへ渡った。敵国人として収容されるも、農園労働者の職を得、次いでオックスフォード統計研究所で政府関係の調査をこなした。戦後、J・K・ガルブレイスを団長とする米国対独爆撃調査団の一員としてドイツを訪れた後、同国のイギリス占領地域管理委員会の経済顧問に任命され、同国へ移った。しかし、英国籍を取得していたことで裏切り者扱いされ、再び渡英し、一九五〇年以降、イギリス石炭公社の経済顧問兼統計局長の任を果たした。かつての師であるケインズとの知的交流は戦後も途絶えることはなく、ケインズが死の直前に、自らの衣鉢を継ぐ者として、数字を手品のように操ることができるO・クラークと、数字に歌わせることができるシューマッハーの両名を挙げた、という逸話も残っている。

公社勤務のかたわらシューマッハーは、土壌・植物・動物・人間の生命的なつながりを探求しながら有機農業を実施し推進する「土壌協会」の会長、共同所有と自己規制を導入し産業組織を人間に奉仕させるように私企業を変革し運営する「スコット・バーダー社」の顧問、そして、生産性の低い土着技術と複雑で資本集約的な現代技術との中間にあり人々の自助を促すような技術を研究し普及する「中間技術開発グループ」の代表としても活躍した。自宅は屋根にソーラーパネルを設置したイギリスで最初の家の一つであったが、そこを訪れたS・クマール（インド出身のイギリスの思想家）に、四〇本の樹が植えられたばかりの庭を誇りながら、植林と森林農業が人類の未来と地球の健全さを守るための唯一の方法であることを表明している。

公社勤務中の一九五五年にはビルマ大統領の要請により経済顧問に就任し、一九六二年にはインド政府から経済計画委員会の顧問として招聘された。ゲーテやショーペンハウアー、ニーチェなどの書を通じてかねてより強い関心を抱いていた東洋思想に直接触れる機会を得たが、他方で、西洋宗教の研究にも精力的に取り組み、亡くなる六年前にローマ・カトリック教会の一員となっている。自宅から公社への通勤時間には比較宗教学の研究に没頭し、生涯をかけて東西思想の融合と総合に努めた。また、本をよく読み思索を深め、シェイクスピアからショー、マルクスからアインシュタイン、トーニーから毛沢東、スミスからケインズ、グルジエフからガンジーといった各分野の泰斗から知的刺激を受けている。

シューマッハーは多忙な実務と並行して、年々増えていった寄稿や講演、講義の依頼にも応えた。そのために用意した草稿や論文は書斎に山をなすほどであったが、書籍として手に入るものはそれほど多くない。現在のところ、一九七三年の『スモール・イズ・ビューティフル』（*Small Is Beautiful: A Study of Economics as if People Mattered*）、一九七七年の『混迷の時代を超えて』（*A Guide for the Perplexed*）、同年の『スモール・イズ・ビューティフル再論』（*This I Believe and other essays*）、一九七九年の『宴のあとの経済学』（*Good Work*）の四作品を読むことができる。最初の二作は生前に刊行されたもので、残りの二作は没後に出版されたものである。

なかでも、現代の巨大信仰を痛烈に論難した『スモール・イズ・ビューティフル』は、エネルギー危機を警告し第一次石油危機を予言し的中させたことで大きな反響を呼び、世界中の注目を浴びることとなり、その後、様々な言語で翻訳されている。J・カーター元米大統領をも惹きつけ、アドバイスを求められて、ホワイトハウスに招待されたこともある。主著である本書をはじめとした彼の著作の中でおこなわれている考察や議論は、じつに多岐にわたり広範囲に及ぶこともあって、文明論・環境論・南北問題論・地域論・資源論・技術論・産業論・経営論・企業論など、幅広い領域で取り上げられ研究されてきた。本論はさしずめ、仕事論や労働論として位置づけられることになるだろうか。

人間にとっての仕事

仕事というのは、できればしたくないものだ。仕事をせずに楽をして、楽しく生きたい。そう思う人も少なくないだろう。生きていくために、仕事をする。生活するために、仕方ないから仕事をする。仕事はたいへんだ。つらいことも多い。仕事が原因で病気になることもあれば、仕事を理由に死を選ぶことさえある。仕事をしないで生きられるなら、ぜひともそうしたい。仕事についてそういう観念が当然としてあり、「真実」でもあるように感じられる現代に、私たちは生きている。人によっては、仕事というのが本当はそういうものではないはずだ、と心のどこかで願いつつも、そういうものとして自分をなかば納得させていないだろうか。

仕事をできるだけ軽減させよう、という方針が当たり前となっている現代社会では、内容や効果を問うことなく、何でもかんでも機械化や自動化、ロボットによる代用、人工知能の利用が推進されるのも自然なことだろう。仕事から解放されればされるほど、人間は幸せであり、人類の進歩となるわけだ。しかし、本当にそれでよいのか。「人生における仕事の中心性」を掲げ、「ある人の仕事というのはまちがいなく、その人の性格や個性にもっとも決定的な人格形成上の影響を及ぼすものの一つである」とつよく信じるシューマッハーは、人間にとって仕事がいかに大切なものであるかを訴える（シューマッハー 2011: 11）。

仕事は、できるだけなくせばよい、というものではない。できればしたくない、と思わせるようなものであってはならない。そもそも仕事は、生きる目的でこそあって、生きるために仕方なくするたんなる手段ではない。しかし、仕事をたんなる手段と捉え減らしていくべきものと考えるように、私たちはさせられてしまっている。そして、そのように考えさせ思わせるうえで大きな役割を演じているものがあり、それを通じて私たちは、いよいようした仕事観を確信していくわけだが、その大きな役目を果たしているのが、まさに教育であり、学問であるといえるだろう。

教育や学問の影響力は甚大で、私たちの考え方や生き方までも方向づけてしまう。とりわけ、そうした教育的ないし学問的な効果を大いにもたらしているのが、経済学ではないだろうか。実際に、教育の現場や学問の世界で、経済学に接したりそれを体系的に学んだりしていなくても、じつは、生き方を左右するぐらい大きなインパクトを私たちに与えているのである。経済学は、たんなる学問ではない。私たちの生き方を方向づける学問である。

経済学は、現代世界の活動を決定するうえで、中心的な役割を演じている。というのも、それは何が「経済的」で、何が「不経済」であるかを決める基準を提供するからであり、また、政府の行為に対してばかりでなく、個人や集団の行為に対しても、それより大きな影響力を発揮する一そろいの基準はないからである（シューマッハー 1986: 53）。

豊かさの増大とともに、経済学が一般大衆の興味のまさに中心へと移ってきて、経済実績や経済成長、経済拡大などがすべての現代社会において――強迫観念でないとしたら――不断の関心事となった、といってもすこしも誇張ではないだろう。近年の有罪判決の用語の中で、「不経済」という語ほど決定的で結論的なものはない。もしもある活動が不経済であると烙印を押されたら、その生存権は尋問されるだけでなく、勢いよく否認される（シューマッハー 1986: 55）。

経済学と超経済学

いまだに経済成長という言葉のもつ説得力や求心力は衰えを知らないし、それに対する人々の信用と信頼の念には根強いものがある。経済成長を暗黙のうちに前提とし、現代社会は機能しているといっても差し支えないだろう。それを、現代社会を構成する個人や集団も自明のものとして行動している。たしかに、経済学が扱う「経済的か否か」という発想方法は強力である。わかりやすいし、伝わりやすい。そこには、経済性以外の基準を圧倒するような魅力があり、反対しにくいし、反論しにくい。「そんなことをしても無駄だ」とか、「そんなことをしても役に立たない」とか、「そんなことをするのは損だ」とか、ひとたび宣告されては、だれもが萎縮し行動を制限し限定してしまう。生き方が制約されてしまう。

しかし、そのように強大な支配力を握っているとはいえ、経済学が一つの学問分野にすぎないことは事実である。人間の存在や活動には様々な基準や次元が備わっていて、それに対応する仕方で様々な知的営みがあり、学問がある。経済学は、あくまでもその多様な学問分野のうちの一つである。したがってその経済学にも、それ相応の役割や機能があるはずなのだが、はたして私たちの生き方まで左右してよいものかどうか。経済学はその本来の立場を越えて、私たちの生き方まで指導している。経済学が、ある意味、暴走してしまっていないだろうか。そうとなれば、経済学がどういった正当な位置を有しているのかを探ってみる必要がある。

「経済学は、経済計算のまったく外側に存在する、ある『一定の』枠組みの中で、正当かつ有益に働く」のであって、「経済学は自立していない、すなわち、それはある『派生した』思想体系――超経済学から派生したもの――であるといえよう」（シューマッハー 1986: 61）。この「超経済学（meta-economics）」という聞きなれない独特な用語こそ、経済学の位置を明確にし経済学の一人歩きを阻止する効果を狙って、シューマッハーが編み出した概念である。超経済学は、経済学の前提、基礎であり、経済学を方向づける重大な役割を担う――経済学とは別次元の――学問であり、思想であり、教えである。

経済学の研究はあまりにも狭隘で、あまりにも断片的なので、超経済学の研究によって補完され完結されないかぎり、確実な洞察へ至ることができない。……経済学は、私が超経済学と呼ぶものから指図を受ける「派生した」科学である。指図が変われば、経済学の内容もそのように変わってくる（シューマッハー 1986: 67）。

この超経済学の内容次第で経済学の内容が変化してくる。そして、超経済学のありようによって多様に想定されうる経済学の中で、現代社会において主流的な立場にあるのが、現代経済学（modern economics）であり、その現代経済学を方向づけている超経済学が、現代の西洋の物質主義（materialism）である、とシューマッハーは看破する。物質を根源的なものとして捉え、物質以外のものを物質に還元する観方であり、質的な区別に注意を払わない思想である。現代の物質主義的な生活様式が現代経済学を生じさせたが、この現代経済学は、貨幣価格という手段を通じてあらゆるものを等質化させ量化させる方法（シューマッハー 1986: 77）を用いながら、現在の私たちの生活を導いている。

私たちがふだん経験したり思い描いたりする仕事も、こうした考えの影響下にあり、例えば、人々の興味や関心は仕事によって得られる生産物、あるいは仕事の対価にあり、できるだけ少ない時間や体力を使ってできるだけ多くの成果物を得ようと考え行動する。現代経済学からみれば、仕事というのは必要悪であり、コストであり、できるだけ軽減したい生活手段である。「働くことは、余暇や快適さを犠牲にすることであり、賃金はその犠牲のある種の埋め合わせである。したがって、雇用者の視点からの理想は被雇用者なしで生産高を得ることであり、被雇用者の視点からの理想は雇用なしで所得を得ることである」（シューマッハー 1986: 70）。

ただ、こうした仕事観は、あくまでも一つの仕事観である。それは、現代経済学に基づくものであり、現代の物質主義に根ざすものであり、一つの特殊な超経済学が普及し浸透していった結果である。超経済学の内容次第で経済学の内容が変化し、また、私たちの生活から切り離せない人間的な営み、すなわち仕事のありようも変化してくる。仕事というものが、少なくとも、これまでとは違うものとして現れうる。超経済学という概念を通じて、私たちの従来の仕事観は相対化され、私たちが抱いている仕事の自明性が解体されうるのだ。

したがって、別の超経済学や経済学に規定された、別の仕事観を想起してみることも可能である。そこで、この物質主義の超経済学を、別の超経済学と比較してみたい。そうすることによって、その超経済学の特徴がより判然としてくるだろうし、これまでとは異なる仕事観も提示されてくるはずだ。すわなち、「西洋の物質主義という超経済学的な基礎が取り去られ、仏教の教えがその場所に置かれたとき、どんな経済法則が、また、『経済的』および『不経済』という概念についてのどんな定義が、結果として生じるのかを探求しよう」（シューマッハー 1986: 67-8）。

現代経済学と仏教経済学

現代の西洋の物質主義の他に、仏教という超経済学がある。物質主義の現代経済学があれば、仏教に規定され仏教的な生活様式によって要求される経済学、「仏教経済学（Buddhist economics）」もある。そこでこころみに、この仏教という超経済学に依拠しながら、仕事のあり方を考えてみたい。

仏教的な視点からみた仕事の機能は少なくとも三つある、とシューマッハーはいう。それはすなわち、①「人間に自らの能力を役立たせたり伸ばしたりする機会を与えること」、②「他の人々とある共通の課題をともにすることによって、人間に自己中心性を克服することができるようにさせること」、そして、③「まっとうな生活に必要とされる財とサービスをもたらすこと」である（シューマッハー 1986: 71）。これらの機能のうち三つ目だけを認め、他の二つの機能を無視したり妨害さえしたりするような超経済学が、まさしく西洋の物質主義であろう。その注目の的はただ財とサービスにあり、人間の能力の話は副次的なものである。だから、仕事が嫌なもの、したくないものになりうることも理解できる。

これとは異なる仏教的な観点からすれば、「働く者にとって無意味な、退屈な、やる気の失せるような、あるいは、神経がいらだつような仕方で、仕事を編成することは、犯罪同然である」（シューマッハー 1986: 71）。したくなくなるような仕事は、本当の仕事ではない。仕事は、人間の生活において中心に位置し、何かのための行為というより、それ自体のためにおこなう目的そのものである。人間の生産する財ばかりを求めるような行為ではなく、人間そのものを尊ぶような活動である。これが、仏教という超経済学の視座から捉えた仕事観である。たしかに、これも一つの特殊な捉え方かもしれないが、そうであれば、現代の自明な仕事観も特殊であり、絶対的なものであるわけではないことが認識されてしかるべきであろう。

さて、西洋の物質主義から指図を受けた現代経済学では、財やサービスばかりが注目され、その消費が目的となっている。より多く消費する人のほうが、より少なく消費する人よりも暮らし向きがよい、という前提が採用されている。しかし、仏教経済学においてこれは、不合理であるとされ、「消費はたんに人間の福祉のための手段にすぎず、目標は最小の消費で最大の福祉を獲得することであるべきなのだ」（シューマッハー 1986: 74）。例えば、シューマッハーによれば、衣類の目的が、ある一定の温度の快適さと魅力的な外見だとした場合、課題はその目的を最小限の努力（布の破損と労役の投入）で達成することであり、労役が少なければ少ないほど、芸術的な創造性に時間や体力を傾注することができる。だから、現代の西洋でみられるような複雑な仕立て方はきわめて不経済であり、カットされていない材料を用いた巧みなドレーピング（立体裁断）のほうがはるかに美しい効果を得られる。材料がすぐに傷むようなことがあれば、愚かなことである（シューマッハー 1986: 75）。

財の所有と消費は、ある目的を達成するための手段であり、仏教経済学は、その最小限の手段で一定の目的を達成する方法についての体系的な研究である。

一方で現代経済学は、消費があらゆる経済活動の唯一の目的・目標であると考えて、土地・労働・資本といった生産要素をその手段とみる。つまり、前者が最適な消費のパターンによって人間の満足を最大化しようとするのに対して、後者は、最適な生産努力のパターンによって消費を最大化しようとする。最適な消費のパターンを達成しようとするような生活様式を維持するのに必要とされる努力は、最大の消費への衝動を維持するのに必要とされる努力よりも、はるかに少なくなるだろうことは理解しやすい（シューマッハー 1986: 75）。

超経済学が違えば、このように目的と手段の関係や内容も大いに異なってくる。物質主義の現代経済学に基づく生き方は、消費を目的とする生き方である。消費を目的とする生き方は、最適な生産によって最大限の財とサービスを獲得することをめざす。だから、際限なく物質が追求されるため、「人間に自らの能力を役立たせたり伸ばしたりする機会を与えること」や「他の人々とある共通の課題をともにすることによって、人間に自己中心性を克服することができるようにさせること」といった仕事における大切な二つの機能が蔑ろにされるどころか、三つ目の機能における「まっとうな生活」さえも考慮されず、仕事が軽んじられ人間が貶められる。

物質主義だから物質をなにより尊び、あらゆるものを物質的に扱おうとするわけだが、いうまでもなく、人間はたんなる物質ではない。しかし、それにもかかわらず、あたかもそのような物質同然の手段としてのみ扱われるような――さらには、扱われてもよいような――存在として、現代経済学では位置づけられてしまっている。理論上の話だけでなく、実際の生活がそうなってしまっているのだ。それとは対照的に、仏教経済学に依拠することでみえてくる仕事は、人間を尊重し人間の可能性を期待するものであり、人間の活動において目的そのものであり、できればしたくないようなものではない。

人間は目的であるか否か、人生は目的であるか否か、そして、その人生の一つの重大な要素である仕事は目的であるか否か——。シューマッハーは、たまたま仏教を例に挙げ、経済学のあり方、そして、仕事のあり方が変わりうることを私たちに示そうとしているが、こうした考察から伝わってくる迫真性には、一つの宗教の枠を越えるものがあり、現代の私たちの心に切実に突き刺さるものがある、といったらいいすぎだろうか。シューマッハーがいうには、「この目的のために仏教を選択したのは、まったくの偶然である。したがって、他のいかなる偉大な東洋の伝統の教えであっても、もちろんそうであるが、キリスト教、イスラム教、あるいはユダヤ教の教えが使用されたかもしれない」（シューマッハー 1986: 68）(2)。

農業と工業

人間は目的であるかどうか、人生の重大な一部である仕事は目的であるかどうか、といったとても人間的なテーマは、人間だけを基点にして語られるわけではない。例えば、人間が生活するうえで欠かすことのできない土地の扱い方をめぐっても、人間の仕事における目的と手段の関係が大きな意味をもってくる。

いつでも、それら自体のためにすることもあれば、別の目的のためにすることもある。どんな社会でも、もっとも重要な課題の一つは、目的と目的のための手段とを区別し、しかもその区別について一貫した考えと意見の一致をもつことである。土地は、たんに生産手段なのだろうか、それとも、それ以上のもの、それ自体で目的であるものだろうか。私が「土地」というとき、その上の生物も含んでいる（シューマッハー 1986: 137）。

人間がもっとも身近にかかわる自然、すなわち土地は、たしかに人間が生活し仕事をするうえでの手段ではあるが、はたしてそれ以上のものではないのか。生産手段としてのみ捉えることもできるし、そうみなすことが自然でもある。しかし、もしそうであれば、それは、あの現代経済学の影響下にあることを暴露していることになる。

現代経済学においては、これまで確認してきたように、消費が目的で生産が手段となっているが、そもそもこのように生産と消費を区別すること自体が、この特殊な経済学の大きな特徴でもある。人間のあらゆる活動を「生産」と「消費」に分けようとする。そして、生産の下でおこなうことは何でも経済計算に従わなければならず、他方で、消費の下でおこなうことは従わなくてよい。生産中に高級車を使用すれば無駄使いだが、消費者として同じことをすれば高い生活水準を示すことになる。しかし、この生産者としての人間と消費者としての人間は、現実には同じ人間である。この一人の人間は、同時に何かを生産し何かを消費して生きている。例えば、工場で生産に従事している人はアメニティを消費しているし、水と石鹸を消費している人は清潔さを生産している（シューマッハー 1986: 137-8）。

生産者としての人間によってなされるか、それとも消費者としての人間によってなされるか、という二分法が、今となっては現代経済学の主導の下にいたるところで適用されているが、その特徴は、土地の利用においてなによりも顕著に現れている。農業従事者は生産活動に携わり生産者として捉えられ、できるかぎりコストを削って効率を上げなければならない。たとえ同時に、消費者として、土壌の健全さや景観の美しさを損じたり、またその結果として、土地からの人口流出や都市の過密化を招いたりしても、そうである（シューマッハー 1986: 138）。生産と消費を同時におこなっていながら、生産においておこなわれる内容はしっかりチェックされ、消費においておこなわれる内容は問われない。生産者として、あるいは消費者として、ほんとうは何をしたらよいのか、わからなくなる。

土地とその上の生物を「生産要素」にほかならないものとみなすかぎり、この混乱からは逃れられない。もちろん、それらは生産要素、すなわち目的のための手段ではあるが、しかしこれは、それらの二義的な性質であって、一義的な性質ではない。……人間はそれらを造っていないのだが、自らが造っておらず、造ることができず、一度こわすと再生することができないようなものを、自らが造ったものを扱う資格があるのと同じ態度と精神で扱うのは、人間にとって不合理である（シューマッハー 1986: 139）。

例えば、自動車は人間が造ったものだから、使い捨てても許されるが、子牛や鶏のような動物は感覚をもった生物であり、人間が造ったものではないから、使い捨てることは許されない。自動車も動物も、経済的な価値を有するが、動物は、経済計算の枠を越えた超経済的な価値も有する。両者の間には根本的な違い、「存在の次元（Levels of Being）[3]」の違いがあるのだ。だから、両者を同等に扱うことはできない。自動車はたんなる手段になるが、動物はそれ以上の存在、目的でもある。たんなる物質以上の存在であり、生命そのものである。そして、この生命を生命として取り扱う仕事こそが、農業である。

農業で生み出される生産物は、生命過程の結果であり、その生産手段は、生きている土壌である。したがって、このように生命を取り扱う農業という営みは、工業とは本質的に異なる。工業は農業と違って、天然の原料よりも人造の原料を好み、生物をできるだけ排除しようとする仕事である。人間の生活は工業なしでも継続できるが、農業なしでは無理である。だから、農業が一義的で、工業が二義的である（シューマッハー 1986: 144-5）。次元が異なるのだ。このようにより高い次元に位置づけられる農業は、比較的広い視野からみた場合、少なくとも三つの課題を実行しなければならない。すなわち、①「生きた自然——人間はそれのきわめて傷つきやすい一部であり、相変わらずそうである——とのつながりを人間に保たせること」、②「人間にとってのより広大な生息地に人間味を与え、それを高尚なものにすること」、そして、③「まっとうな生活に必要とされる食糧とその他の原料をもたらすこと」である（シューマッハー 1986: 147）。

「これらの課題のうち三つ目だけを認めるような文明、また、それを無慈悲に暴力的に追求するあまり、他の二つの課題が無視されるだけでなく体系的に妨害されるような文明には、長期的な存続のいかなる機会も与えられない」と、シューマッハーは洞察する（シューマッハー 1986: 147）。

農業は、たんなる物質以上のものを扱う仕事である。食糧とその他の原料をもたらすだけの仕事ではない。自然は、たんなる生産手段、たんなる物質ではない。そして、自然とのつながりを維持し人間と自然の生命過程に積極的に関与する農業という仕事も、たんなる手段ではない。こうした考えの対極に位置する現代の物質主義においては、農業が工業の一種のように捉えられ、「生物世界は開発のための採掘場を超えるような意味をもたない」（シューマッハー 1986: 146）し、三つ目の課題における「まっとうな生活」は考慮されず、より多くの食糧とその他の原料が果てしなく追求されることになる。

さて、ここへ来て、目的と手段を分けるだけでなく、その関係を正しく位置づけるためのある基準も求められることに気づくはずである。すなわち、目的であるものと手段であるものの区別だけでなく、目的であるべきものと手段であるべきものの区別である。従来、受容されてきた目的と手段の関係や、現在、承認されている目的と手段の関係をより正しく、あるべき関係に整理しなおすための確かで正当な基準である。そして、その基準こそが、動物と自動車との間の、また、農業と工業との間の根本的な違いを明らかにした「存在の次元」であることを、ここで再確認しておきたい。目的と手段の関係において私たちは、優先順位にも配慮するべきである、ということだ。次元の高いほうが目的であるべきで、次元の低いほうが手段であるべきである。

存在の次元と一九世紀の観念

存在の次元は、私たちがこの世のあり方を把握する際に使用する重要な基準である。次元の高いものと低いものとの違いを区別することができなければ、あらゆるものがどこにその正当な位置を占めるのかがわからなくなる。より高いものとより低いものを質的に区別する概念がなければ、動物と自動車を同等に扱い、農業を工業の一種とみなすようになるが、そうしたことが現代の物質主義の超経済学によって推進され正当化されてきた。人間、自然、生命の存在の次元を低く位置づけようとする物質主義の発想は、目的よりも手段を礼讃し、本来、手段であるべき消費を目的としてしまう。

そこで、存在の次元を軽視する、この現代の物質主義を後押しし補強するような思想体系——シューマッハーが「一九世紀の観念（the nineteenth-century ideas）」と呼ぶもの——にも、目を配っておくべきだろう。これらは、現代でみつかりうる主だった観念であり、これらを通じて、私たちは世の中を理解し解釈している。いずれも一九世紀に登場し、教育の有無を問わず、今日の西洋世界で事実上だれの精神にもしっかり組み込まれているものである。それらは、以下のような六つの観念によって代表される（シューマッハー 1986: 111-3）。

① 一種の自然で自動的なプロセスとして、より高次の形態がより低次の形態から断続的に発展する、という進化の観念
② その進化と発展という自然で自動的なプロセスを説明すると主張する、競争・自然選択・適者生存の観念
③ 宗教や哲学や芸術などといった、人間の生活におけるより高次の現れすべては、「物質的な生命過程における必然的な補助物」にほかならない、というマルクス主義的な解釈
④ その人間の生活におけるより高次の現れすべてを無意識の暗い衝動へと還元し、それを主として幼児期と思春期の果たされなかった近親相姦の欲求の結果であると説明する、フロイト主義的な解釈
⑤ あらゆる絶対的なものを否定し、あらゆる規範と標準を解消し、実用主義における真理の観念の完全な解体へと至り、数学にさえ影響を及ぼす、相対主義の観念
⑥ 確実な知識は自然科学の方法を通じてのみ獲得されうるし、したがって、一般的に観察可能な事実に基づかないかぎり知識は本物でない、という実証主義の観念

これらの大いなる観念に関して、もしもその中に真実の重大な要素が含まれていなかったとしたら、これほどまでに人々の精神をつかむことはできなかっただろう、とシューマッハーは分析

しつつ、これらの観念の本質的な性質として普遍性の主張を見抜いている（シューマッハー 1986: 113）。ある限定された部分的な領域における説明であれば有効であるようなことが、他の領域にまで越境して妥当する、と説くのである。普遍的に応用できると錯覚してしまう。そして、観念の中で主要な位置を占め君臨する、この一九世紀の観念の間でみられる、こうした形式的な共通点とは別に、内容的な類似点も指摘することができる。

これらの観念が主張するのは、「より高い位のものとして以前に捉えられていたものは、じつは『より低い』もののより繊細な現れに『ほかならないもの』であるが、もしそうでないとしたら、実際、より高いものとより低いものとの間のまさにその区別は否定されている」ということである（シューマッハー 1986: 114）。したがって、「より低いもの」よりむしろ「より高いもの」をめざすべきだ、と説得することは無意味になってしまう。というのも、「より高いもの」か「より低いもの」かという考えは主観的であり、「べし」という言葉は権威主義的である、と受け取られてしまうからである（シューマッハー 1986: 114）。こうして、存在の次元は軽視され、無視され、忘却されていく。そうした背景の下に、物質主義の超経済学は活発に展開し、現代経済学を指揮している。

とはいっても、「一九世紀の観念が宇宙における次元の階層を否定ないし抹消するものの、階層秩序の考えは不可欠な理解の道具である」（シューマッハー 1986: 123）。私たちが物事を正確に理解するには、存在の次元が必要である。そうでないと、すべてが同じ次元のもの、究極的には物質同然に扱われ、そうされてよいと思われ考えられるようになってしまう。そして、現代社会がまさにそうであるし、仕事をしたくないと思ってしまうのも、そうした一環の一つの切実な現象にちがいない。

「存在の次元」や「意味の段階」の認識なしでは、私たちは世界を自分たちに理解可能なものにできないし、また、宇宙の構成における私たち自身の位置、人間の位置を明確にするようなもっともわずかな可能性もなくなる。……自らの潜在力の発揮におけるより高い程度、すなわち、「自然に」自らに生じるようなものより高い存在の次元あるいは「意味の段階」に達することが、おそらく人間の課題――あるいは、たんに、こういいたければ、人間の幸福――であろう。……私たちが偉大で生命力のある一九世紀の観念を通じて世界を解釈しているかぎりは、これらの次元の差異に対しては盲目である。これまで盲目にされてきたのだから（シューマッハー 1986: 123）。

仕事は人間の重大事である。仕事には、人間にとって重大な機能や課題が含まれている。そして、存在の次元を通じてこそ、このように人間にとって、人生において、仕事がたんなる手段を超えた目的であることを理解し、認識することができる。仕事は、たんなる物質ではない存在としての、人間の営みである。仕事は次元の高い営みである。人間の能力を役立たせたり伸ばしたりして、より高い程度に人間の潜在力を発揮するような活動である。したがって、人間よりも物質に注意を向け、人間を物質同然に扱おうとする――存在の次元に背く――一九世紀の観念が支配するこの世の中では、仕事は依然として、できればしたくないもののままである。

今日もっとも必要とされること

仕事のあり方を例にこれまで論じてきた中心的なテーマは、目的と手段の関係にある。仕事は目的であり、仕事をおこなう人間も、仕事を通じて人間がかかわる土地も、手段である前に目的である。シューマッハーが私たちに伝えようとする大切なことの一つは、現代社会に生じている事柄に関して、このように目的と手段の関係を見極め、それらを正当な順序で位置づけなおすことである。まず、何が目的として、何が手段としておこなわれているのか、何を目的として、何を手段として、私たちは生活しているのかを的確に弁別して把捉する。その上で、存在の次元に照らし合わせながら、何が一義的で、何が二義的なのか、何が高い次元にあるべきで、何が低い次元にあるべきなのかを整理してみる。そうした手続きの際に、存在の次元のもっとも低いもの、すなわち物質に、ことさら執着することのないよう心がける。『スモール・イズ・ビューティフル』の「エピローグ」で、シューマッハーは次のように指摘している。

汚染と格闘したり、野生生物を保護したり、新たなエネルギー源を発見したり、平和的共存に関してより実効的な協定を結んだりするために、富や教育や研究といった資源をただたんにさらに結集させることで、現代世界の破壊的な力は「制御される」ことが可能となる、と信じているのであれば、私たちは真実から逃げている。いうまでもなく、富や教育や研究やその他多くのことは、どんな文明にとっても必要とされるが、今日もっとも必要とされることは、これらの手段が役立つことになる目的の訂正である。そしてこのことは、物質的なものにそれの本来の正当な地位――それは二義的であり、一義的ではない――を与えるような生活様式の発展を、なによりも示している（シューマッハー 1986: 381-2）。

目的と手段、存在の次元があり、存在の次元にのっとった目的と手段があるべきだ。しかし、そうであるにもかかわらず、そうさせないように、さらには真実を覆い隠すように――真実に従わせないように――この現代社会で作用しているものがある。それが、あの一九世紀の観念であり、現代の西洋の物質主義であり、現代経済学である。物質的なものに一義的な地位を与えるような学問であり、思想である。そして、こうした効果が及んでいるのは、仕事の話にとどまらないはずだ。環境破壊や資源枯渇といった人間と自然の関係の問題から、紛争や戦争といった人間相互の関係の問題に至るまでの、人間に関するほとんどあらゆる問題をめぐって同じような場面や状況に、私たちは直面していないだろうか。目的と手段の関係が誤って秩序づけられている世の中を盲信しながら、私たちは生きていないだろうか。今でも、いや今こそ、これまで私たちから遠ざけられてきた真実に対して、自分自身の問題として自らの生活に結びつけながら、向き合ってみてもよい時なのかもしれない。

注

（1）この節の執筆にあたっては、小島（1986）、クマール（2000）、ダイアナ・シューマッハー（2000）、クマール（2004）に多くを負った。

（2）別の文献では、特定の宗教に限定せず、仕事の三つの機能を教えてくれるのが「伝統の英知」であると説明している（シューマッハー 2011: 156）。

（3）この概念については、世界を四つの非連続的な分野――鉱物・植物・動物・人間――に分類し、それぞれに四つの本質的に異なる要素――物質・生命・意識・自覚――が段階的に包摂されることを唱えている（シューマッハー 2011）。

参考文献

Barbara Wood [1984] Alias Papa: A Life of Fritz Schumacher, New York: Oxford University Press（＝1989 酒井懋訳『わが父シューマッハー――その思想と生涯』御茶の水書房）

サティシュ・クマール 2000「まえがき」E・F・シューマッハー『スモール・イズ・ビューティフル再論』講談社学術文庫

――――2004「E・F・シューマッハー」ジョイ・A・パルマー編、須藤自由児訳『環境の思想家たち 下』みすず書房

小島慶三 1986「シューマッハーの人と思想」E・F・シューマッハー『スモール・イズ・ビューティフル』講談社学術文庫

酒井懋 1989「訳者あとがき」バーバラ・ウッド、酒井懋訳『わが父シューマッハー――その思想と生涯』御茶の水書房

Schumacher, Ernst Friedrich [1973] Small Is Beautiful: A Study of Economics as if People Mattered, London: Blond & Briggs（＝1976 斎藤志郎訳『人間復興の経済』佑学社、1986 小島慶三・酒井懋訳『スモール・イズ・ビューティフル――人間中心の経済学』講談社学術文庫）

――――[1977a] A Guide for the Perplexed, New York: Harper & Row（＝1980 小島慶三・斎藤志郎訳『混迷の時代を超えて――人間復興の哲学』佑学社）

――――[1977b] This I Believe and other essays, Cambridge: Green Books（＝2000 酒井懋訳『スモール・イズ・ビューティフル再論』講談社学術文庫）

――― [1979] Good Work, New York: Harper & Row（=1980 長洲一二監訳・伊藤拓一訳『宴のあとの経済学 ――スモール・イズ・ビューティフル主義者の提言』ダイヤモンド社、2011 長洲一二監訳・伊藤拓一訳『宴のあとの経済学』ちくま芸術文庫）
ダイアナ・シューマッハー 2000「序言」E・F・シューマッハー『スモール・イズ・ビューティフル再論』講談社学術文庫

［布施元］

レイン――西欧近代の批判と克服

カルヴァン派に生まれ、精神医学の道へ――青年期までと主要著作

ロナルド・デイヴィッド・レイン（1927-1989）はスコットランド・グラスゴー生まれの精神科医である。一般には「反精神医学」と呼ばれる改革運動の代表者として名高い。

カルヴァン派の家庭に生まれたレインは、いかにもピューリタン（清教徒）的というべき厳格な環境で育てられた。食事や身だしなみから神の前での祈りに至るまで、心身両面において清廉潔白さと禁欲を保つよう求められた。

晩年に書かれた自伝（レイン 1990 以下 WMF）には、厳格なしつけを受け入れつつも両親に対し次第に不信感を募らせていく少年ロナルドの姿が、多くのエピソードを通じて描かれている。

ある日、ペンを盗んだ疑いをかけられた七歳の少年は、全力で無実を訴えたものの信じてもら

えず、父親に鞭を打たれた。後で母親は無実であることを知るが、夫にはそれを知らせず、息子には仲直りのキスを求めた。少年は再び母親と一体になりたいという葛藤に苛まれつつも、キスをして仲直りするという考えに違和感を覚え、その場に留まる。すると母親は「愛してくれないなら結構」と言い捨てて部屋を出てしまう。すがりたい気持ちの消えた「少年はこの事件を自分の一生における決定的なものと考えた。これは解放なのだ、だが、支払うべき代償のない解放ではなかった」（WMF 83）[1]。

人を罪から救うはずの罰が、あろうことか両親、ひいては神への根本的な不信感を招く。と同時に、「無実である」という自らの記憶や存在のあり方そのものへの信頼をも揺るがす。このエピソードは後年のレインの思索に重大な影響を与えることとなる。

聖書に救いを求める一方で、青年期を迎えたレインは読書を通じて無神論や唯物論へと次第に没頭していく。聖書も学術書も、戦時に青年期を送った彼の目には、人間社会で繰り広げられるあらゆる不幸の真相を扱うものに映った。そうした中で彼は医学部に進学し、精神科医の道を志す。精神医学の道に進むことで、病や苦痛、出生や死といった個別の肉体的経験、さらには貧困や疫病といった社会的問題に取り組めるとともに、幼少期より頭をもたげていた「心の歪み」なるものの正体を科学的に探究できると思われたからであった（WMF 139）。

ところが、大学で目の当たりにした「科学」は、希望どころか恐怖を抱かせるものであった。

解剖学の講義で関節や消化管の動きを学ぶ教材として見せられたのは、ナチスがユダヤ人を対象に行なったX線照射の実験映画だった。映画そのものへの恐怖とともにレインを襲った、「科学的な能率を背後から支えている人たちの心に対する恐怖」（WMF 144）は、「身体」を扱う場を超え、その後、「精神（心）」を扱う医学の場にも及んでいく。なかでも、長らく〈狂気（＝非理性）〉の象徴とみなされてきた「統合失調症（旧・精神分裂病）」に対し〈科学（＝理性）〉的なまなざしが一挙に注がれる場において、その恐怖は頂点に達し、徐々に怒りへと発展していく。

本章ではレインによる二つの研究を取り上げ、統合失調症への精神医学的な関心が、それぞれの研究において「西欧近代」をめぐるいかなる思想を育むものとなったかを明らかにする。まずは代表作の『引き裂かれた自己』（レイン 2017 以下 DS）を取り上げ、その中でなされた統合失調症者への人間学的なアプローチが、図らずも、西欧近代が原理的に抱え込んでやまないある心理－社会的な病理・問題を批判的に映し出すものであったことを示したい。そして次に『狂気と家族』（レイン・エスターソン 1972 以下 SMF）を取り上げ、その中でなされた統合失調症者の家族への分析が、翻って、西欧近代に特有の病理・問題を〝近代的な思考によって〟いかに克服する道を示そうとしたかを見ていきたい。

「統合失調症の世紀」と近代自然科学的認識

レインの生きた二〇世紀の西欧精神医学は「病」としての統合失調症の発見で幕を開けた。ドイツの精神医学者E・クレペリンが、幻覚や妄想などの複雑な症状を、卓越した観察眼によって分類し定式化したのがその始まりとされる。それは、植物学を彷彿とさせる徹底した自然科学的分類の産物であった。

クレペリンの仕事が症状の経過観察に徹するものであったのに対し、後を受け継いだ者たちは、より緻密な症状の分類、根本的な病因の解明、そして治療法の発見へと邁進していく。これまで狂気の象徴とみなされてきた現象に、さらなる科学的な光が当てられていく。ところがその内実は、（今もそうだが）病因分析においては脳の器質的欠陥をはじめとする様々な身体的異変にもっぱら関心を向けるものであった。さらに当時（二〇世紀前半～中頃）、有益な治療法と目されていたのは、ロボトミー手術や神経伝達機能の異常を正す電気ショック療法といった、非人間的ともいうべき試みであった。それは狂気を解放・治癒するどころか、ますますその狂気性を強め際立たせるものであったといえる。

中井久夫（1999:87-8）を参考に、身体機能に主な関心を向けるこれら一連の自然科学的試みを正統精神医学と名付けるなら、一方で、それとは一線を画す「力動精神医学」と呼ばれる潮流もまた、統合失調症研究の領域にすでに浸透していた。それは、病因分析においても治療実践においても、患者の心的世界の力動性、ならびに心的世界と外的社会との相互関係性を重視する立場である。イギリスでは、乳幼児と母親との心的交流に着目し、そこでの何らかの関係不和に精神病理の源泉を探ろうとする「対象関係論」（D・W・ウィニコットなど）と呼ばれる学派が、またアメリカでは、統合失調症を人間的過程と捉え、患者の社会文化的な背景を含む人間性への理解を重視する「対人関係論」（H・S・サリヴァンなど）と呼ばれる学派が、それぞれ注目を集めていた。

レインもまた、こうした流れに触発されて、精神医学の内部に独自の人間学的理解と治療方針を打ち立てようと決意する。それは、クレペリン以来の近代自然科学的認識が放つ非人間的な暴力性を批判するためでもあった。そうして生み出されたのが記念碑的著作ともいうべき『引き裂かれた自己』である。

実存主義に依拠した人間学的理解

わずか二八～三〇歳の時に書かれたこの著書には「正気と狂気をめぐる実存的研究（*An*

Existential Study in Sanity and Madness）」という副題が付けられている。その意味するところから見ていこう。

まずレインの関心は、厳密には統合失調症そのものではなく、〈正気〉と〈狂気〉との境目にあるとみなされる統合失調気質（schizoid）から、〈狂気〉への一線を越えたとされる統合失調症への移行過程に向けられている。これを人間学的に理解可能な過程と捉えることで、彼は「正気／狂気」という二極的な発想を根底から掘り崩そうとした。それは、〈正気〉の側から〈狂気〉を見つめ、理解不能な存在として客体化するのではなく、〈狂気〉とされる人々の主観的な経験に入り込み、その内側から、〈正気〉とされる側にも当てはまるような「普遍的で人間的な関係と意味」（DS 20）を明らかにする試みであった。

この点で、従来の精神医学を覆っていた自然科学的認識は、狂気や病というレッテルの下で〈彼ら〉の「人格を非人格化ないし事物化する」（DS 27）用語やまなざしで溢れており、レインにとってそれは、〈正気とみなされる私たち〉と〈彼ら〉との「実存」的な次元での関わりを引き裂くものであった。と同時に、自然科学的認識は、次に述べるような〈彼ら〉の内的世界における「実存的分裂」（DS 21）と呼ぶべき経験と通底するものでもあった。狂気なのはむしろ精神医学のほうではないのか――レインはそう強く問いかける。

ここから彼は、力動的な関心に身を置きつつも、より人格的な人間理解の方法として、当時の大陸思想をけん引していた「実存主義哲学」を取り入れる。

「実存は本質に先立つ」というJ・P・サルトルの有名な言葉にあるように、戦後の実存主義は、「人間はまず先に実存し、世界内で出会われ、世界内に不意に姿をあらわし、そのあとで定義されるものだ」（サルトル 1996:42）とする人間観を提示した。つまり、正気／狂気、正常／異常などといった本質存在をめぐる定義を、さも個々人に生まれつき（神によって）付与された人間の本性であるかのように考えるべきではない。人間は根本的には「自由」であり、様々な外的まなざしに晒されながらも、「何よりも先に、みずからかくあろうと投企したところのものになるのである」（サルトル 1996:43）。レインは、こうした無神論的な実存主義を取り入れることで、精神医学的まなざしに〝先立つ〟〈彼ら〉の主体的経験の内実に迫ろうとしたのである。

ただしそれは〈彼ら〉の主体的経験を外的世界と切り離して分析することではない。実存主義はまた、「他人との関係の中にあり、初めから世界の『内』にある人間という概念から出発」（DS 22）する。つまり、主体的に選び取られた「あらゆる特殊な経験〔の意味〕を彼の世界内存在全体の文脈」（DS 19 以下〔　〕内は引用者）で理解することが求められるのである。

存在論的不安定と自己の分裂

では、実存主義を通じて見出される〈私たち〉と〈彼ら〉とをつなぐ経験とは何か。それはレインによると、「根元的な存在論的不安定（ontological insecurity）によってのみ生ずると考えられる、不安や危険」（DS 55）であり、他者との関わりの中で経験される、自律的な存在感覚（＝アイデンティティ）が脅かされる不安であるという。

レインはそれを三つの形態に分ける。まず「呑み込み（engulfment）」と「爆入（implosion）」は、他者の存在に圧倒されその中に呑み込まれてしまうか、他者（ないし周囲の環境）によって自己が覆われその中で圧し潰されてしまうのではないかという不安である。そして「石化（petrification）」は、周囲から非人間的な石（無機物）のように見られているのではないかという不安を指す。いずれも、自律的アイデンティティを支えるはずの安定した空間的位置感覚の喪失と、人間固有の時間的連続性という感覚の喪失を伴う（DS 58）。

一見これらは、情緒的な面から考えると、周囲からの敵意や無関心に伴う経験のように見えるだろう。だがレインによると、こうした存在論的不安を抱える者にとっては、周囲から注がれる「愛情」のほうがむしろ危険に感じられるという。すなわち、「理解されること（それゆえ、把握され了解されること）、愛されること、あるいはただ見られることにおいてさえ、呑み込みが危険として感じられる。憎まれるということも、これとは別の理由で恐ろしいには違いないが、愛によって呑み込まれて破壊されてしまうよりはましだと感じられる」（DS 63）というのだ。

敵意よりも愛情を危険視するという感覚はにわかに想像しづらいかもしれないが、さらにこうした不安を抱える者は、他者との関わりを容易に断つことができない中で、次に防衛的な狙いも込めて「自己」そのものを分裂させるという。「身体化された自己（embodied self）」と「身体化されない自己（unembodied self）」への分裂である。

これは、精神（心）と身体の統一感が失われたことで起こる現象であり、他者と関わる際、彼は身体から遊離した「精神的存在」である身体化されない自己を内に隠し、かわりに、精神的な生命感覚を失った身体化されただけの自己を前面に押し出す。そして後者が「偽りの自己（false self）」として体系化し、他者からのまなざしを一身に引き受け、ときに他者からの要求や期待にもつとめて従順にふるまうことで、もう一方の身体化されざる「本当の自己（true self）」は、他者と関わる中にありながら、「理想として胸に抱いている内的な正直さ、自由、全能および創造性」（DS 133）を保持できるというのである。

ただしそれは、あくまで演技的な偽りの振る舞いによる「自己欺瞞、現実的自由の欠如、完全な不能と不毛」（DS 133）といった代償の上に成り立つ手段にすぎない。加えて偽りの自己は、外界との唯一の関係ツールとなるため、多様な人々と触れあう中で複雑に体系化していくとともにそれ自体が次第に自律的となり、今度は本当の自己を圧迫し始めてしまう。外界とともにそれを脅威と捉える本当の自己は、非現実的な空想の世界へとますます引きこもらざるを得なくなり、その中で実存的自由を追求しようともがく。しかしながら、そのようにもがけばもがくほど、「初めは自己に対する破壊的な侵犯を防ぐための防壁として考え出されたものが、自己にとって脱け出すことのできない牢獄の壁となりうる」（DS 210）。かくして、「自己を守れば守るほど、自己は破壊されてゆく」（DS 114）といった逆説的なジレンマに陥り、精神と身体、空想と現実とのさらなる分裂が生じ、俗に統合失調症と呼ばれる段階へと足を踏み入れることとなるのである。

自己愛なき自意識、多重の罪悪感

レインの分析はさらに続く。

現実世界から遠ざかりゆく本当の自己が存在感覚を取り戻すにはどうすればよいか。それは唯一、他者に直接見られ感知されることしかない。しかしそれは、先の三つの不安が示すようにあまりにも危険である。そこで彼は二次的に、「自意識（self-consciousness）」すなわち、自らが「自己を意識すること、および他人が自分を意識しているのを知ること」（DS 165）を、「自分および他人の存在を確信する手段」（DS 165）として採用する。そこには、アイデンティティをめぐる時間感覚の欠如を「空間的な一体化の手段」（DS 165）で補おうとする狙いも込められている。

ところが、ここでもまた悲劇的な逆説が生じてしまう。彼は自意識によって「自己の存在を吟味する」（DS 171）のだが、あろうことかそれは「自己の生き生きとした自発性を、何か死んだ命のないものへと変え」（DS 171-2）てしまう。他者からのまなざしが石化を引き起こすように、自分自身の観察的まなざしもまた同様の効果を放つからである。ただしそれは、そもそも（本当の）自己が「生き生きと現実的になることを恐れ」（DS 170）ているために生じる事態である。というのも、他者からの敵意よりも愛情のほうが危険であるように、自分自身から発せられる（現実的自由を志向した）愛情もまた敵意以上に危険だと感じられるため、それを他者に注ぐことも、自分自身に注ぐことも、断じて避けなければならないからである。かくして、存在感覚の回復に向けた自意識の試みは、あろうことか自己を非存在へとさらに追い込んでしまうのである。

ここで重要なのは、こうした現実から空想へのさらなる引きこもりは、いわゆる「自己愛（narcissism）」から来るものとは区別されねばならないという点である（DS 171）。レインによると、それは自己愛どころか多重の「罪悪感」を生じさせるものとなる。

自己臭症を訴えるある男性は、「『何よりもまずこの世にいる』というだけで罪の意識をもっていた」（DS 194）。この意識はいわゆる原初的な罪悪感である。これを基礎に、さらに彼は二つの分裂した自己に関わる「偽りの罪の意識」と「真の罪の意識」との間で板挟みとなる。ただ存在すること、つまり「他人にとって何か価値あるもののように見えることに罪を感じ」(DS 200) ている彼は、偽りの自己を通じて「自己の全存在を非存在へ帰してしまおうとし始めた」(DS 203)。具体的には彼は、匿名な存在として見知らぬ土地を流浪したのだが、皮肉なことに偽りの自己としての生活は、前述のように他者の要求や期待につとめて従順にふるまう側面も持っている。それは他人にとって価値ある存在となることを含み持ったため、偽りの自己としての役割を十分果たせていないという実感が彼を襲う。これが偽りの罪の意識である。

だが話はここで終わらない。男性を真に悩ませたのは、「生きる権利がないという」この感情をみずから裏書きしていること、みずから人生の可能性を否定していること」(DS 204) にあったのだ。なすすべなく「偽りの罪の意識に屈服し、自己にならないことを彼の生の目的とし」(DS 205) た事実においてこそ、真の罪の意識が生じたのである。そこにはわずかに、本当の自己から発せられる、現実世界を志向した存在欲望とでも呼ぶべきものの一端が垣間見えるが、結局は「それが欲望でしかなかったことに」(DS 204)、男性はより一層の罪悪感と無価値感を抱く他なくなったのであった。

近代批判の視点

レインの分析は次に〈彼ら〉の家族関係へと発展していくが、ひとまずここまでの議論の意義を「近代批判」という思想的文脈から捉え直してみたい。

既述のように、レインが実存主義を通じて人間学的理解を目指したのは、従来の精神医学を覆う近代自然科学的認識の非人間性を批判するためであった。〈彼ら〉が訴える石化への恐怖などはまさにその象徴であろう。

しかし〈彼ら〉の存在論的訴えには、そうした正気／狂気をめぐる精神医学的な議論をゆうに超え、西欧近代（人）が原理的に抱え込んでやまない、より根本的な心理・社会的問題を浮かび上がらせる効力がある。言い換えれば、「近代」という一時代に固有の人間心理と社会の危機を批判的に捉え返す視点を、私たちに示してくれるのである。

レインにとってそれは彼自身の出自に関わる問題でもあった。というのも、J・カルヴァンの影響下にあるピューリタニズムこそが、社会学的に見て西欧の近代化を導いた原動力とみなされるからである。

ここで、社会学者M・ヴェーバー（1989）の議論を見てみよう。ヴェーバーによると、西欧で勃興した近代資本主義は、神学者・カルヴァンが唱えた「予定説」に起因するという。予定説とは、死後救済を受けられるか否かは唯一自由な存在たる神によってあらかじめ決められている、という教えである。そこで人々は、神による救済のしるしを確証すべく、まずは中世修道院での世俗外的禁欲を、次いで宗教改革後はピューリタン的な世俗内での禁欲を追求したのであった。この世俗内での禁欲は、一方では神学者M・ルターの「天職」概念と結びつき、強欲さを抑え労働に励む態度、すなわち、勤労・節制・富の分配といった反営利的な「隣人愛」の実践を生み出した。しかし他方では、合理的な資本主義的経営も生み出し、今度はその経営体制を維持することが世俗内的禁欲の倫理と結びつくこととなる。かくして、宗教的倫理である神への信仰に取って代わり、富の蓄積を義務とする近代資本主義経済の倫理が、人々を過酷な労働へと駆り立てることとなったのである。

以上のような西欧の近代化の過程と、〈彼ら〉の存在論的訴えは、果たしてどのように関わり合うのか。筆者の目からすると、〈彼ら〉を襲う存在論的不安は、図らずも、右記のような近代資本主義の成立過程に伴う近代人の不安・孤独を象徴しているように思われてならない。

まず、偽りの自己と本当の自己との分裂は、世俗内生活の、宗教的倫理からの離脱を象徴している。偽りの自己を介した他者との身体的な関わりは、さしずめ資本主義的分業の下での空虚な労働関係を示すものといえるが、ここで〈彼ら〉が第一に訴えるのは次のような事態である。すなわち、そうした空虚な労働関係が、「内的な正直さ」による信仰によってのみ「自由、全能、創造性」を担う神の義にあずかれるとする（宗教改革後の）宗教的倫理を、圧迫し破壊しようとする事態である。言い換えれば、あらゆる世俗内生活の生みの親であるはずの「本当の自己」の破壊である。そしてまた、そうした自己の破壊が、既存の経営体制を維持すべく富を無限に増殖せねばならないといった、近代資本主義システム特有の「不安」に突き動かされているという事態である。

〈彼ら〉にとってこれらの事態は、神への敬虔な信仰を否定する偽りの「自己欺瞞」として受け止められる。ここで〈彼ら〉の訴えは、西欧近代人が原理的に抱えてやまない根元的な不安の〝代弁〟から、その不安を欺瞞的に解消しようとする西欧近代人の内的特性に対する痛烈な〝批判〟へと転じる。その批判のカギを握るのが「自己愛」である。

神への信仰を世俗内生活から遠ざける近代資本主義は、偽りの自己の肥大化を招く。それは中井（1999:152-3）のいうように、〝神の前における自己（self）〟ではなく、〝神から自立的となった自我（ego）〟を生み出した。この自我のありようは、一方では西欧近代人のこの上ない孤独を示しているが、他方では恐ろしいことに自ら神となる契機を含み持っている。産業革命期、イギリスの支配下にあったインドでは「白人を神の荷託を受けたものとし、端的に〝原住民〟が彼らを神と呼ぶのをしばしば拒まなかった」（中井 1999:161）。彼らはそうした威信を支配と自己規律の倫理としたうえで、「彼らこそ理性を持ち、自我を持つ存在である」（中井 1999:161）としたのだ。自ら全能なる神の座を奪い、いざとなれば他者の支配や搾取を正当化する論理とすること。ここに「理性」や「自我」といった近代的個人の理想像に潜む、自己愛という態度が抱えてやまない切実な問題がある。

自意識という孤独な存在確信の試みを〝自己愛なしで〟成し遂げようとする〈彼ら〉の姿は、この点で、近代資本主義における搾取とその正当化の論理を批判する試みとして解釈できよう。それでは、自己愛を排した〈彼ら〉の姿は、かつて禁欲的な宗教倫理の下で生み出された隣人愛的な実践へと、即座に開かれることとなるのだろうか。

残念ながらそうは考えられない。

ここで〈彼ら〉の次なる訴えは一転して「神」へと向けられる。つまり、近代化への逆説的な出発点となった宗教的倫理のあり方そのものへ向けられる。ここで次にカギとなるのが「罪悪感」である。

既述のように、〈彼ら〉はこの世にただ存在するというだけで罪を感じていた。これだけでも〈彼ら〉の苦悩を論じるにあまりあるが、とはいえこの原初的罪悪感じたいは、キリスト教全体に浸透している「原罪」の観念と地続きでもある。むしろ〈彼ら〉を真に悩ませたのは、原罪そのものというより、原罪からの救済をどうやっても確証し得ないアポリアへと落ち込んでしまった点にある。

〈彼ら〉は一方で、偽りの自己であり続けることができず、偽りの罪の意識に苛まれる。それは近代資本主義の文脈でいうと、富の増殖と自己愛の生成を促す労働に従事し切れないことからくる自己否定感に相当する。さらにここで深刻なのは、そうした労働市場からの撤退が、近代資本主義の倫理が浸透し切った今、宗教上の救済へと人々を誘うどころか、救済への一縷の望みをも断ち切ってしまうという事実である。レインいわく、父なる神や聖母から愛されていると感じていた統合失調症者は一人もいなかった（DS 52）。それは原罪という事実を自ら裏書する最大の背信行為であり、真の罪の意識を通じて自らをさらに窮地へと追い込んでしまう。隣人愛を形成するどころか、現実（＝俗世）上の関係からも空想（＝信仰・救済）上の関係からも見放されてしまった絶対的な孤独が、彼の実存的生を確実に蝕んでゆく。

レインが無神論の実存主義に期待したのは、神からすっかり見放されてしまったと感じる〈彼ら〉の絶望的な訴えをすくい上げるためでもあった。そしてそれは、幼少期のレインが経験した神への、そして両親へのあの不信感を想起させる。次にレインの実存分析が統合失調症者の家族関係へと展開していったのも、必然的な流れであったといえよう。

「家族」への関心

レインはすでに『引き裂かれた自己』において、〈彼ら〉を取り巻く家族関係に言及していた。それによると、〈彼ら〉がすべての苦悩の出発点である原初的罪悪感を抱かざるを得なくなったのは、人生早期において、「自分が実際にどのような人間であり、どのようにならねばならないのかを知る手掛かりを両親が全く与えてくれなかった」(DS 88) からであるという。それは、徐々に人が自律的な存在感覚 (＝アイデンティティ) を掴み取るうえでの基礎的な経験の喪失であり、養育者がなすべきであった実存的な方向付けの失敗を意味する。レインはこうした〈彼ら〉に共通する訴えから、「統合失調症生成的な家族」(DS 302) という考えを新たに提示し、〈彼ら〉の内的経験に耳を傾けるだけでなく、「家族集団全体の力学に関する一層の研究」(DS 302) が必要であると訴えた。

ただしそれは、家族を素朴な「病因」と捉えることではない。実存主義が自身を取り巻く世界との関わりに目を向けるものであるとはいえ、世界＝家族の病因的側面ばかりを強調すると、〈彼ら〉の側が主体的に選び取った経験とその実存的自由の可能性をみすみす見逃してしまう。あくまでレインは、人生早期より家族との間で展開される相互主体的な関わりに目を向けようとしたのである。

さらにもう一点、指摘せねばならない。それは、『引き裂かれた自己』においては、「患者の家族をその不可欠の部分とするより大きな共同体の社会経済的要因」（DS 285-6）への言及が構成上なされなかったことである。前節ですでに、近代資本主義の文脈から〈彼ら〉の存在論的不安の意味を分析してみたが、一転して後年のレインの思索は、より深遠な「歴史」へのまなざしを内に含む社会経済的問題にも触れることとなる。

実存的自由に根ざした相互主観的な関係性と、歴史へのまなざしを内に含む社会経済的問題。これらへの関心は、『引き裂かれた自己』執筆から約一年後に始められ、後に『狂気と家族』と題された一連の家族面接調査で展開される。

「欺瞞」

同郷の精神科医A・エスターソンとの連名で書かれた同書には、統合失調症と診断された女性一一例（一五歳から三八歳まで）とその家族との様々なやり取りが記されている。具体的には、父親と娘、母親と娘、両親と娘といったように双方向にわたって展開される言語的、非言語的やり取りをはじめ、「発病」に至るまでの経緯、そして前世代にまで遡る家族史が、やや無秩序な形で記されている。

この面接調査からレインはまず、先述の〈彼ら〉の訴え、すなわち、人生早期に被った実存的基礎づけの失敗が、〝今ここ〟での現実のやり取りの中でいかに見出されるかを明らかにしている。『狂気と家族』の翌年に発表された論文（Laing 1965 以下 MCC）で、彼はそれを「欺瞞（mystification）」という表現を用いて概念化する。

レインのいう欺瞞とは、ある者に対し、今現在「何が起こっているのか、これは〔自らの〕体験や行動、または〔自らを取り巻く外的な〕プロセスであるのかどうか、さらには一体何が『争点』となっているのかといった点について、混乱させ、判断を鈍らせ、不明瞭にし、覆い隠す」（MCC 344）行為を指す。一方の相手側は、「何が〝本当に〟体験されているのか、なされているのか、あるいは起こっているのかを理解するのに失敗し、現行の争点を見分け識別するのに失敗するという意味での混乱」（MCC 344）を引き起こす。注目すべきは、〝欺瞞的行為に直面している〟と正しく判断する可能性すらも欺瞞的に「無効化」（MCC 344）されてしまうという点である。それは、最初の「欺瞞に対する気づきを、〔相手側の〕悪い（bad）あるいは気の狂った（mad）考えのなせる業だという形で、争点を向け返す」（MCC 345）ことでなされる。こうして相手は、「真正な葛藤（authentic conflict）」（MCC 344）を抱えこみそれを投げかける機会を、まったく身に覚えのない「悪」や「狂気」といった個人内的な属性――「偽の争点（false issues）」（MCC 345）――

をめぐる「真正でない葛藤（inauthentic conflict）」（MCC 345）によってすり替えられてしまうのである。

あの幼少期のレインの体験もまた、欺瞞的経験の最たる例であろう。盗みの疑いの晴れた少年は、何よりもまず両親からの謝罪を期待したはずだ。ところが、先に無実を知った母親は、夫に知らせることなく、息子にはキスを求めた（第一の欺瞞）。少年は、期待していた謝罪を頑として求めるべきか、母親が欺瞞的に示す愛情の前に折れるべきか、瞬時に判断できない。すると母親は、その真正であるはずの葛藤を、あろうことか〝親を愛することのできない悪い息子〟のなせる業だと捉え、息子を見放してしまう（第二の欺瞞）。こうして少年は、母親を非難するどころではなくなり、身に覚えのない内なる「悪」という偽の争点へと向き合わざるを得なくなる。

レインはこうした欺瞞的経験を、統合失調症の決定的な要因と断定してはいない。あくまで彼は、すでに青年期後半〜成人期を迎えた人々の一見奇異な振る舞いや体験を、今まさに「他人と共有する状況において各人がもつところのパースペクティヴ」（SMF 15）の必然的な一つの現れとして可知化しようとしたのである。とはいえ、そうした欺瞞をさらに人生早期より繰り返し経験してきたであろう対人関係のパターンとして理解する余地もありうる。というのも、欺瞞には、幼い子どもから「真正な葛藤」という自律的なアイデンティティ形成に向けた不可欠の契機を奪い取り、存在論的な信頼を損なわせ、他者から注がれる愛情に警戒感を抱かせ、挙句には（理不尽な）罰を受けたところで消えることのない実存的な悪の感覚へと導く破壊力があるからだ。これらの要素はすべて、かつての〈彼ら〉の苦痛な訴えと共鳴している。

背後にある家族力学——「ダンチグ家」をめぐって

では、こうした一連の欺瞞的行為を前にいかなる実存的自由への道がありうるのか。『狂気と家族』に収録され、のちに姉妹本というべきエスターソンの単著（Esterson 1970 以下 LS）で詳述された「ダンチグ家（The Danzigs）」の事例から明らかにしたい。

レインらは、ダンチグ家を構成する母親（五〇歳）、父親（五六歳）、長女サラ（二三歳）、長男ジョン（二一歳）によるやり取りから、サラの病的振る舞いを可知化しようと試みた。

サラは一七歳のときに緩やかに発病したとされるが、両親が最初に病気の徴候とみなしたのは、「父親に対して常時繰り返される、〔両親から見て〕理由も意味もない敵意」（SMF 139）であった。具体的には、「怠けものである、頑固である、父親に対しておそろしく生意気である、反抗的である」（SMF 139）といった態度であった。大学への出席が途切れ、一時は父親の事務所に勤めるものの、二一歳のときに幻聴や幻視的な訴えも発するようになり、一日中ベッドに横になり夜だけ起き、聖書を読みふける状態となった。そしてある日、父親に対し怒りを爆発させた後に、病院に送られた。

両親いわく「怠惰」が始まったのは一三歳のときだったというが（LS 36）、自律的なアイデンティティ形成に向けた青年期特有の反抗を病気の徴候とみなし、怠惰のように、病気というよりもある種の「不道徳さ」（SMF 139）を問題視している点に、早くも欺瞞の様相が見て取れる。では、こうしたやり取りの裏にいかなる家族力学が働いていたのか。

そもそも両親の結婚生活は、最初から「制度的な意味という以外に表現不可能な」（LS 40）ほど冷え切っていた。後述のようにダンチグ家は正統派ユダヤ教を信仰していたが、妻は、夫が宗教的規律への厳格さに伴い「かつてないほどに清潔かつ几帳面」（LS 40）となったことを非難し、一方で夫は、妻が「よりナーバスで自己抑制に欠けるようになった」（LS 40）と非難した。そこで両者は、母親が過度な宗教的厳格さを求められていたジョンを、父親がサラを、それぞれ自陣に引き込むことで、各々の主張の正当性を証明しようとした。(2)

父親が重視する自己抑制と几帳面さはビジネスの場にも持ち込まれ、「規則正しく定期的」（LS 54）に仕事をすることが「他者や『世論（public opinion）』からいかに認められているか」（LS 46）を示す重要な指標と考えられた。こうした「他者」「世論」への配慮は、毎朝早く起きるといった日常生活での規則正しさにも敷衍されたのだが、そこでサラが配慮すべきと期待された他者とは、何よりも「両親」であり、世論からの「両親の評判」（LS 51）であった。つまり、サラが規則正しい生活を送ることとは、「両親」という〝サラにとっての〟他者にサラ自身が配慮できている証——いわゆる「家族〔全体への〕忠誠心（family loyalty）」（LS 63）——であると同時に、「世論」という〝両親にとっての〟さらなる他者からの評判、すなわち「適切に訓練され抑制された子ども」を持つ「成功に満ちた養育者」（LS 51）という形での世論からの評判をもたらすことを意味していた。

ところが、怠惰に始まるサラの変化は、父親が寄せていたこれらすべての期待を裏切るものとなった。それはサラ個人の問題を超え、両親ひいては家族全体の評判を揺るがす大問題となった。「経済的自立の失敗」（LS 88）はビジネスマンとしての父親の名声を傷つけ、日常生活での怠惰は厳格な正統派ユダヤとしての「家族の体面を傷つける」（SMF 146）ものと考えられたのだ。こうして宗教的問題では対立していたはずの母親もジョンも、一転して父親に加勢することとなる。

宗教的規律をめぐる欺瞞

とりわけ怠惰が問題視されたのは、それが「安息日の遵守」という宗教的規律に違反する行為とみなされたからであった。

安息日とは、神ヤハヴェによる六日間の世界創造の後に設けられた祝福のための重要な休息日であり、神とユダヤ民族との特別な関係、そしてユダヤ人としての文化的アイデンティティを根本から規定する聖化された時間である。また「出エジプト」という実在の歴史的記憶に裏付けられており、奴隷労働からの解放を意味する安息日は、労働など空間的次元に根差した創造行為が原則禁じられるとともに、怠惰が許容される休日とも区別され、熱心な礼拝と祈祷に励むことが求められる。

すすんで礼拝所へ足を運んでいた父親にとって、安息日以外にも及ぶサラの怠惰は「危険」な振る舞いとさえ考えられた（LS 122）。だがレインらによると、実際には「サラは病気というラベルを貼られる以前から、伝統を遵守し、安息日には瞑想に取り組むべく家の中に居続けたものの、彼らは暴力的にサラ〔のそうした過ごし方〕に反対していた」（LS 122）という。聖書に没頭していたように、実際にはサラは、内的な敬虔さをもって宗教上の規律や慣習へと厳格に従おうとしていたのである。

むしろ宗教的規律を方々で破っていたのは両親らであった。たとえば母親は、「ユダヤ的『世論』（Jewish 'public opinion'）に目撃されそうにないと感じられた場合」には「清浄でないために禁じられたレストランで食事をとるという規律違反を犯していた」（LS 135）。父親もまた、安息日に禁じられていた火を使い、煙草を吸うという規律違反を犯していた（LS 126）。トイレという密室での喫煙は、父親にとって「『神』のいわば目の前での心密かな不服従」（LS 126）を意味する行為であった。

なぜ両親らは密かに宗教的規律を破っていたのか。そしてまた、なぜ唯一規律に厳格に従っていたサラを規律違反だと責め立てたのか。これらの理由を明らかにするには、少なくともダンチグ家の前世代における社会的経験と記憶にまで遡らねばならない。

両親いずれの祖父母も元々は東欧出身であった。一九世紀までの東欧ユダヤ人は「ビジネスや労働を、単に生活上必要な経費を供給する手段にすぎないものとみなし、一方で、トーラーを学び実践することを専念すべき人生の主目的とする」ような「宗教的伝統によって厳重に統治されていた」（LS 130-1）。ところが、激化する東欧ユダヤ人への迫害や経済システムの急変により、伝統的な共同体的つながりは根本から脅かされる。彼らの多くは生家を離れ渡英するものの、貧富の差が近親者間での生死を決定づけたこと、そして移住先での高度な産業資本主義システムへと生存のために適合せねばならないという事情から、「彼らは徐々に伝統的な宗教的枠組みを不合理なもの、あるいは邪魔なものとさえ経験し出した」（LS 132）。サラの父親もまた、前世代のこうした過酷な経験と記憶を胸に、宗教的伝統よりもビジネス場面での成功に現世の苦悩を解消してくれる方途を見出した一人となった（LS 132）。

先の両親らの規律違反も、まずもって近代的（modern）なふるまいとして評価されるべきと考えられた（SMF 159）。一方で宗教的規律に関しては、ユダヤ的世論と呼ばれる同胞らの面前で

〝儀礼的に〟遵守されるだけで良いと判断された（LS 132)。両親らにとって権威の序列は、神よりも世論のほうが上位を占めていたのである。

サラの敬虔な態度を両親らが危険視したのは、ひとえに、自分たちの密かな規律違反がサラによって世論に暴露されるのを防ぐためであった。彼らがサラを怠惰だと厳しく非難しながらも、「サラが欲するときにはいつでも食事を部屋にまで届けることで、部屋の中に留まるのを密かに推奨していた」（LS 106）のは、可能な限りサラを世論から引き離すためであった。と同時に、自律的にふるまおうとする成熟したサラを再び「理想化された幼児的本能の世界へと押し戻す」（LS 107）ことで、家族への忠誠という自分たちの掲げる理想状態へと無理やり退行させようとする意図も、そこには込められていたのであった。

歴史へのまなざし

最終的にサラは「病気（狂気）」というレッテルとともに、世論からさらに隔絶された場（精神病棟）へ送られてしまう。レインらはそうしたサラの姿を、聖書に登場する堕天使・アザゼルに放逐される山羊の姿に譬えた（LS 206, 297-9)。

しかしながら、同時に私たちは、最後まで宗教的敬虔さをもって反抗を貫いたサラの態度に、実存的自由による解放へのよすがを見て取らねばならない。

それは、自身と同じユダヤ民族が太古の昔に経験した「解放」という歴史的事実へのまなざしである。「聖書を読みつづけ、そこから引用し、理解しようとした」（SMF 157）サラの姿は、歴史的文脈になぞらえながら「自分の経験となんとか折合おうとする少女のおぼつかない努力」（SMF 163）として捉えられねばならないのである。とりわけ安息日へのこだわりは、統合失調的経験によって一時的に失われた時間的連続性の感覚を取り戻し、神との契約関係を改めて強く実感することで自身を支える確固たる（文化的）アイデンティティを確立する試みであったのだ。

この深遠な歴史へのまなざしはまた、自身の〝今ここ〟での個人的苦悩を超えて、前世代が経験した「迫害」と近代的生活様式へのやむなき移行という社会経済的事実に対し、批判的意識をもたらす。それは、カルヴィニズムに発する近代資本主義経済の成立と地続きの、伝統的な宗教枠組みが非合理なものとして排斥されていく由々しき事態である。サラによる内的な正直さ・敬虔さの維持は、ダンチグ家を駆り立てていた近代生活様式への傾倒を食い止め、かつてのような共同体的つながり（＝隣人愛）の下に家族関係を編成し直そうとする試みであったと考えられるのではないか。

〈近代への批判〉から〈近代による克服〉へ

一個人の内的経験を超え、家族という領域での相互関係、前世代から引き継がれた社会経済的問題、果ては宗教的世界とも結び付いた歴史的次元へ。レインによる『引き裂かれた自己』から『狂気と家族』にかけての実存主義的な展開は、サルトルによる実存主義の発展とも軌を一にしている。レインはそれを、サルトルから引き継いだ「全体化（totalization）」すなわち、「現実の社会的＝歴史的認識全体の最も野心的な理論的冒険」であり、「個人的幻想、個人の相互関係、社会＝技術的諸体系から集団の相互関係にまでいたる全段階を了解することをめざす体系的な理論」（レイン・クーパー 1973: 9）的試みと称している。

ここで重要なのは、歴史が持つ力へのまなざしもまた、すぐれて近代的な思考と実践の産物であるという点である。二〇世紀の西欧精神医学は、一方では近代自然科学的認識の暴力性と結び付いてしまった。だが他方では、統合失調症へのあくなき関心を通じて、人間の「『現』のかたちを構成し続ける〈力〉としての〈歴史〉の〈在・不在〉を感知する歴史感覚」（渡辺 2005: 63）を固有に身に付けてきた。そしてそれを、人間学的な回復のための決定的な要素と考えてきたのである。

レインもその一人であった。冒頭で述べたように、彼は反精神医学と呼ばれる改革運動の主導者として語られることが多い。確かに彼は、一連の家族調査と並行して、当時の閉鎖的で非人間的な精神病院のあり方を改革すべく、「ハウスホールド」と呼ばれる様々なレクリエーションが用意され、医者と患者による支配－従属関係を取り払い、利用期間すら個人の自由に任された宿泊施設を開設したこともあった。しかし彼は、そうした試みを精神医学の枠組みとは無関係なところで進めたわけではない。あくまで彼のアイデンティティは「精神科医」であり、また「近代人」であり続けたのだ。そうした運命の只中で、人間と社会が実存的自由を通じてあらゆる病理から解放される可能性を、彼は模索し続けたのである。

注

（1）このエピソードは、初めは『自己と他者』（レイン 1975: 204-6）という著書で紹介された。そこではレインの実体験としてではなく、後に本論で述べる「欺瞞」のように、子どもを存在論的な混乱へと陥れるような家族内での相互関係の一例として紹介されている。
（2）欺瞞的行為に付随して、このように自らの正当性を補完すべく、他者の有する固有の価値観を無視して他者を無理やり自陣に引き込もうとする行為を、レインは「共謀（collusion）」と呼んでいる（レイン 1975: 129-51）。

参考文献

ヴェーバー 1989 大塚久雄訳『プロテスタンティズムの倫理と資本主義の精神 改訳版』岩波書店＝Weber, Max 1920 „Die protestantische Ethik und der »Geist« des Kapitalismus " in *Gesammelte Aufsätze zur Religionssoziologie*, Bd.1, Tübingen: J.C.B. Mohr.

Esterson, Aaron 1970 *The Leaves of Spring: A Study in the Dialectics of Madness*, London: Tavistock Publications.

サルトル 1996 伊吹武彦訳「実存主義はヒューマニズムである」伊吹武彦ほか訳『実存主義とは何か 増補新装版』人文書院 =Sartre, Jean-Paul [1946] 1967 *L'Existentialisme est un humanisme*, Paris: Nagel.

中井久夫 1999『西欧精神医学背景史』みすず書房

Laing, Ronald David 1965 "Mystification, Confusion and Conflict" in Boszormenyi-Nagy, Ivan & Framo, James L. (eds.) *Intensive Family Therapy: Theoretical and Practical Aspects*, New York: Hoeber Medical Division, Harper & Row.

レイン 1975 志貴春彦ほか訳『自己と他者』みすず書房 =Laing, Ronald David [1961] 1969 *Self and Others,* 2nd ed. London: Tavistock Publications.

――― 1990 中村保男訳『レインわが半生――精神医学への道』岩波書店＝Laing, Ronald David 1985 *Wisdom, Madness and Folly: The Making of a Psychiatrist 1927-1957*, London: Macmillan.

――― 2017 天野衛訳『引き裂かれた自己――狂気の現象学』筑摩書房＝Laing, Ronald David [1960] 1965 *The Divided Self: An Existential Study in Sanity and Madness*, Pelican ed. London: Pelican Books.

レイン・エスターソン 1972 笠原嘉ほか訳『狂気と家族』みすず書房＝Laing, Ronald David & Esterson, Aaron

[1964] 1970 *Sanity, Madness and the Family: Families of Schizophrenics*, 2nd ed. London: Tavistock Publications.

レイン・クーパー 1973 足立和浩訳『理性と暴力——サルトル哲学入門』番町書房＝Laing, Ronald David & Cooper, David Graham 1964 *Reason and Violence: A Decade of Sartre's Philosophy, 1950-1960*, London: Tavistock Publications.

渡辺哲夫 2005『二〇世紀精神病理学史——病者の光学で見る二〇世紀思想史の一局面』筑摩書房

＊本稿は、その一部を、二〇一五年に提出した博士学位論文「黎明期家族臨床研究をめぐる認識論的意義とその応用可能性——Bateson, Laing & Esterson, そしてアダルト・チルドレンを通じて」（立命館大学）の書き下ろし部分に依拠している。

［藤本ヨシタカ］

久冨峻介（くどみ　しゅんすけ）
一橋大学大学院社会学研究科修士課程修了
現　　在　京都大学大学院文学研究科博士後期課程在籍
主要著作　「ヘーゲル『精神現象学』における良心の相互承認——言語を媒体とする承認モデルとして解釈する試み」（修士論文、2018年）

加戸友佳子（かど　ゆかこ）
神戸大学大学院人間発達環境学研究科博士後期課程修了　博士（学術）
現　　在　神戸大学大学院人間発達環境学研究科研究員
主要著作　「マルクス学位論文における哲学的主体の位置について」社会思想史学会編『社会思想史研究』第40号、2016年
「マルクスの自然認識と科学観の変化について」関西唯物論研究会編『唯物論と現代』第59号、2018年
「マルクス学位論文における科学論」（博士論文、2019年）

大倉茂（おおくら　しげる）
東京農工大学大学院連合農学研究科博士後期課程修了　博士（学術）
現　　在　立教大学・東京農工大学・武蔵野大学・前橋高等看護学院ほか非常勤講師
主要著作　『機械論的世界観批判序説』学文社、2015年
「カブトムシから考える里山と物質循環——『自然の社会化』と『コモンズ』」尾関周二／環境思想・教育研究会編『「環境を守る」とはどういうことか——環境思想入門』岩波書店、2016年
「人新世における科学技術と公共性——環境に関する高度情報化のなかで」東京唯物論研究会『唯物論』第93号、2019年

小森（井上）達郎（こもり（いのうえ）たつろう）
立命館大学大学院社会学研究科博士後期課程修了　博士（社会学）
現　　在　立命館大学衣笠総合研究機構客員研究員
主要著作　「アレント思想における『私的領域』概念の存立意義——『私有財産』論に着目して」日本社会学理論学会編『現代社会学理論研究』第11号、2017年
「子どもの『新生』を通じた『世界』の再生と持続——H・アレント『保守的』教育論の思想的含意」立命館大学産業社会学会編『立命館産業社会論集』第54巻第4号、2019年

著者紹介

布施元（ふせ　もとい）
東京農工大学大学院連合農学研究科博士後期課程修了　博士（学術）
現　　在　東京家政大学・東京農工大学・武蔵野大学・都留文科大学非常勤講師
主要著作　「現代社会の〈共〉に関する人間学的考察——〈共〉の構想性と倫理性に触れて」総合人間学会編『総合人間学』第 8 号（オンライン・ジャーナル版）、2014 年
「私たちの『環境』について改めて考えてみる——持続可能な発展の視座をきっかけにして」尾関周二／環境思想・教育研究会編『「環境を守る」とはどういうことか——環境思想入門』岩波書店、2016 年
“Kyosei” in Ashish Kothari, Ariel Salleh, Arturo Escobar, Federico Demaria and Alberto Acosta (eds.), *Pluriverse: A Post-Development Dictionary,* (AuthorsUpFront and Tulika Books, 2019)

藤本ヨシタカ（ふじもと　よしたか）
立命館大学大学院社会学研究科博士後期課程修了　博士（社会学）
現　　在　立命館大学衣笠総合研究機構客員研究員、佛教大学・大阪歯科大学ほか非常勤講師、立命館大学授業担当講師
主要著作　「心的外傷研究をめぐる新たな認識的問題——DSM-5 に至るまでの概念史的追究を通じて」立命館大学産業社会学会編『立命館産業社会論集』第 50 巻第 3 号、2014 年
「【文化】という観点から浮かび上がる、アダルト・チルドレンたちの苦痛の本質——役割自我・甘え・世間をキータームとして」日本社会臨床学会編『社会臨床雑誌』第 22 巻第 3 号、2015 年
「ダブル・バインド理論の生活史分析とその認識論的意義——ある精神疾患経験者の『語り』から見出される直線的認識の内発的契機をめぐって」立命館大学産業社会学会編『立命館産業社会論集』第 54 巻第 2 号、2018 年

いま読み直したい思想家９人

2020年5月20日　第1刷発行　〈検印省略〉

著　　者©　布施元
久冨峻介
加戸友佳子
大倉茂
小森（井上）達郎
藤本ヨシタカ

発行者　本谷高哲
印　刷　東京印書館
埼玉県朝霞市北原2-14-12
発行所　梓出版社
千葉県松戸市新松戸7-65
電話・FAX 047-344-8118

乱丁・落丁本はお取り替えいたします
ISBN 978-4-87262-040-5　C1010